예수님의 사랑
그 놀라운 사랑

예수님의 사랑
그 놀라운 사랑

| 지귀복 |

방주세계선교회

모든 감사와

찬양과 영광을

하늘에 계신

하나님께 올려드립니다

찬양과 경배를 받으시기에 합당하신 하나님 아버지께
모든 감사와 영광을 올려드립니다.
나를 사랑하시고 보혈의 피를 흘려주신
주님을 사랑합니다.
이 책을 쓸 수 있도록
도와주시고 역사하시고 조명해주신 성령님께
깊은 감사를 드립니다.

저는 육신의 질병을 통해서 회개 기도하던 중에
주님으로부터 치료받고 천국에까지 가게 되었습니다.
주님은 모든 것을 보여주시고 말씀하셨습니다.
1, 2권이 천국 지옥에 대한 체험 간증이라면
이 책은 신앙훈련에 대한 내용입니다.
오랫동안 나름대로 열심히 신앙생활을 해왔지만
주님을 만나고서 회개부터 다시 하고,
주님께 하나하나 세밀하게 신앙훈련을 받았습니다.
병들고 연약한 육신, 여리고 나약한 나의 의지와 믿음,
주님께 다가갈수록 제 모습은 죄인이었습니다.

너무 부끄러워 많이 망설여지기도 하고 숨기고 싶었지만
나의 이 어리석음조차
주님만 나타내는 영광의 도구가 되길 소망합니다.
주님의 은혜가 아니면, 주님의 도움이 없이는
저는 아무것도 아님을 고백합니다.
나는 죽고 주님이 말씀하시는 대로
순종하며 따르길 원합니다.
주님과 함께 한걸음 한걸음 나아가며
주님의 보혈을 옷 입은 거룩한 신부,
주님 오실 길을 예비하는 그리스도의 군사가 되길 원합니다.
주님은 곧 오십니다.
주님을 찬양하며 모든 영광 하나님께 올려드립니다.
할렐루야!

2023년 7월 지귀복 목사

목차

PART. 2   주님은 말씀하십니다.

PART. 3   이제는 시간이 다 된 것 같구나

PART 1

예수님의 사랑
그 놀라운 사랑

🌸 예수님의 사랑 그 놀라운 사랑 / 2017.3.4.

저는 어느덧 봄이 오는 길목에서 주님께서 말씀하신 세 번째의 책을 쓰게 됩니다. 나는 내 영혼에게 찬사를 보냅니다.

'영혼아. 깨어라, 일어나라. 더욱더욱 힘차게 전해다오. 사랑하는 나의 주님 오시는 발소리에 맞추어 기쁨의 환한 미소를 지을 수 있도록.'

저는 2017년 2월 24일 파주 어느 교회에 가서 간증을 하게 되었습니다. 주님께서는 세 번째 책을 쓸 것을 말씀하셨고 다시 한 번 저에게 고백하게 하셨으며 주님은 저에게 묻습니다.

예수님 : "너는 나를 부인하지 않겠니?"
지귀복 : "예, 주님."
예수님 : "너는 내가 하라는 대로 하겠니?"
지귀복 : "예, 주님."
예수님 : "너는 어떤 탐심도 갖지 않겠니?"
지귀복 : "예, 주님."
예수님 : "너를 향해 나가는 축복들을 오직 주님을 위해서 사용 하겠니?"
지귀복 : "예, 주님."
예수님 : "내가 너에게 다시 한번 강조하기 위해서 너의 육체 의 힘든 부분을 통해서 깨닫게 하는 것이니 두려워하 지 말거라."

저는 간증을 마치고 터미널에서 차를 타려고 기다렸는데, 그곳에서 각혈을 하고 쓰러졌습니다. 제 몸은 너무나 지쳐있었습니다. 남편되신 목사님께서 아프셔서 긴 시간 간병을 하느라 많이 힘이 들었을 때였습니다. 저는 119로 실려 가서 병원에 가게 되었지만, 그곳에서 주님께서 일어나라고 하셔서 저는 병원에 싸인을 하고 나오게 되었습니다. 그리고는 주님께서 치료해 주셨습니다.

예수님은 말씀하십니다.

예수님 : "네가 아프고 고통스러워할 때 그 누가 너를 치료할 수 있더냐? 인간의 모든 것들은 극히 연약할 뿐이지. 사람이 할 수 없는 것들을 하나님은 하시지 않니? 오직 너를 사랑한 것은 나이니라."

지귀복 : "주님 사랑하고 경배드립니다."

[마태복음 5:7~12]

7 긍휼히 여기는 자는 복이 있나니 그들이 긍휼히 여김을 받을 것임이요 8 마음이 청결한 자는 복이 있나니 그들이 하나님을 볼 것임이요 9 화평하게 하는 자는 복이 있나니 그들이 하나님의 아들이라 일컬음을 받을 것임이요 10 의를 위하여 박해를 받는 자는 복이 있나니 천국이 그들의 것임이라 11 나로 말미암아 너희를 욕하고 박해하고 거짓으로 너희를 거슬러 모든 악한 말을 할 때에는 너희에게 복이 있나니 12 기뻐하고 즐거워하라 하늘에서 너희의 상이 큼이라 너희 전에 있던 선지자들도 이같이 박해하였느니라

예수님은 말씀하십니다.

"항상 지금처럼, 처음 신앙처럼 나의 복음을 전하길 바란다. 너는 연약하지 않을 것이고, 너에게 능력을 덧입혀 줄 것이니 두려워하지 말거라. 그 어느 때보다도 강하게 담대하게 나의 말을 전하게 될 것이다.

사랑하는 나의 딸 귀복아! 나의 신부야, 내 아버지와 나는 너를 바라보고 기뻐하느니라."

저는 2015년 12월 어느 날, 질병을 통해서 주님 앞에 회개 기도하는 중 천국을 가게 되었습니다. 저는 신앙 생활한 지 오래됐지만, 나 나름대로 믿음으로 산다고 생각했으며 열심히 기도 생활을 한다고 생각했습니다.

저는 체중이 83kg였고, 당뇨가 370이고, 혈압이 187이었으며, 그로 인해서 약을 많이 먹었습니다. 또한 머리끝부터 발끝까지 온전한 곳이 없을 정도로 고통스러운 육신을 갖고 살던 중 위장에 이상이 생겨서 약을 복용하기 시작했고, 그 후에도 나의 몸은 너무나 여러 곳에서 통증이 일어났습니다. 그러던 중 종합검진 결과 위암이라는 진단을 받았는데, 의사 선생님은 영상 CD와 소견서를 써주시면서 빨리 가서 전대 암센터에 가서 수술을 하라고 말씀하셨습니다.

저는 무엇을 어떻게 해야 할지 몰랐고, 주님을 부르면서 눈물만 흘렸습니다. '나의 이 몸을 수술을 한다면, 과연 나는 살아날 수 있을까?' 생각했고, 저는 결심을 하고 수술하기 전에 회개기도를 해야겠다고 생각하고 기도하기 시작했습니다. 내가 지금까지 살아온 날들을 생각하고 어려서부터 지금 이 시간까지 하나님 앞에 지은 모든 죄를 고백하기 시작했습니다.

(1권 구름 저편에 계신 주님, 2권 주님이 흘리신 사랑. 1, 2권을 통한 내용입니다.)

나의 몸은 너무나 통증이 많이 와서 기도하기도 힘들고 음식을 먹을 수가 없었고 한 치 앞을 바라볼 수 없는 시간 속에 좌절과 낙심이 오기 시작했습니다. 견딜 수 없는 시간이 흐르면서 내 마음 속에 '나는 이제 죽을 수도 있겠구나.' 하면서 오늘 하루의 이 삶이 마지막 같은 심정이었습니다.

저는 회개하면서 저 자신을 돌아보게 되었습니다.

첫째는 근심과 원망, 불평, 불순종, 스스로 해결하려는 교만함, 내 마음대로 내 고집대로 하려고 했던 것들이 하나님 앞에 잘못됐음을 깨달았습니다. 남편과 아내는 서로 숨김이 없어야 하고, 주님 앞에 정직해야 하며, 작은 것이라도 서로 의논해서 일 처리를 해야 하는데 혼자서 해결하려고 했던 것들이 마귀로 틈을 타게 하고, 거짓말을 하게 되고, 영적, 육적으로 병이 찾아오는 것을 깨달았습니다.

저는 23년 동안 사모로서 열심히 신앙생활을 했지만, 저의 지나간 시간들은 모두 다 주님 앞에 죄악된 것들 뿐이었습니다. 저는 회개하기 시작했고 조목조목 하나하나 회개했습니다. 정말 힘이 없고 금방 쓰러질 것 같지만 간절하게 주님께 기도했습니다.

어느 날 기도하는데 제 마음속에 "무릎을 꿇고 손을 들고 기도하라."는 성령의 음성에 저는 그렇게 기도했습니다. 무슨 그릇 같은 것이 나타나더니 그 속에 있는 것을 저에게 부었습니다. 주님은 저에게 성령으로 기름을 부어 주셨고 주님은 말씀하십니다. 저는 귀가 열리기 시작합니다. "두려워하지 말고, 믿기만 하라." 주님이 말씀하시니 영적인 힘과 성령의 충만함으로 기도하게 되었습니다.

주님께서는 "수고하고 무거운 육신의 짐을 주님께 맡기라."고 말씀하셨고, 회개하면 이렇게 좋은 것을 하지 않고 살아온 시간은 깜깜한 삶이었다고 하십니다. 정말 진정한 회개가 무엇인가를 깨달았습니다. 입술에 모든 믿음 없는 것을 제거하는 것이 진정한 회개입니다. 저는 그때부터 한 달 동안 교회 청소를 하면서 회개기도 했고, 저의 모든 삶은 변화가 일어나기 시작했습니다. 갑자기 통증이 올 때는 택시를 타고 집으로 옵니다.

그러나 주님께 오늘 이 하루에 회개할 수 있는 시간을 주신 것에 감사의 눈물을 흘립니다. 우주 만물을 다스리시는 하나님 아버지께서는 저를 살려 주셨고, 주님은 정말 죽을 수밖에 없는 저를 찾아주시고, 치료하시고, 깨닫게 하셔서 구원에 이를 수 있도록 은혜를 주신 주님을 찬양합니다.

예수님은 말씀하십니다.

"바르게 주의 일을 행하는 자, 주님을 소중하게 여기는 자, 비가 오나 눈이 오나 주를 찾는 자, 주만 바라보는 자, 주님의 피로 정결함을 받는 자는 복이 있느니라."

주님은 저에게 꿈같은 일들이 일어날 것을 말씀하셨고, 저는 지금 몸이 아픈데 주님은 제가 책을 쓸 것을 말씀하시면서 "네 생애의 최고의 기적이 될 것이다."라고 하셨습니다.

주님은 "죽어가는 영혼을 위해서 울어라"고 하셨고, "그 영혼이 소생될 수 있도록 성령의 능력으로 전신갑주를 입고 에스겔 골짜기에 마른 뼈들이 큰 군대를 일으킨 것처럼 죽은 영혼에게 주님의 이름으로 명령을 하라."고 하셨습니다. 저는 믿음으로 "아멘." 했습니다.

주님은 "이렇게 한 사람이 나의 피를 알고 죄를 회개하는 시간이 오래 걸린 것은 마귀가 그 눈을 뜨지 못하게 해서란다. 영적인 눈을 떠야 나의 피를 의지하고 회개할 수 있다."라고 하십니다.

주님은 복음을 전할 것을 말씀하셨고, "실족한 영혼(교회 안에 있는 주님의 백성들), 나아가서는 주님을 모르는 자들에게 주님의 보혈의 피를 외치라."고 말씀하십니다.

주님이 저에게 오실 때는 먼저 성령의 기름부음이 머리끝부터 발끝까지 임합니다. 나의 몸은 마치 깃털과도 같이 가볍습니다. 항상 구름을 타고 천사들과 함께 제가 사는 아파트 하늘에 오십니다. 그곳에서 주님은 모든 것을 주관하십니다. 그다음 말씀을 먼저 주십니다.

저의 몸을 치료하는 과정입니다.

[시편 23:6]
내 평생에 선하심과 인자하심이 반드시 나를 따르리니
내가 여호와의 집에 영원히 살리로다

[마가복음 9:23]
예수께서 이르시되 할 수 있거든이 무슨 말이냐
믿는 자에게는 능히 하지 못할 일이 없느니라 하시니

[이사야 53:5]
그가 찔림은 우리의 허물 때문이요
그가 상함은 우리의 죄악 때문이라
그가 징계를 받으므로 우리는 평화를 누리고
그가 채찍에 맞으므로 우리는 나음을 받았도다

예수님께서는 공중에 구름을 타고 천사들과 함께 오셨습니다.

주님은 "천국에 가기 전에 다 치료받고 흠이 있어서는 안 된다."라고 하십니다. 먼저는 말씀과 믿음을 가지고 고백하길 원하십니다. 저의 침대 위에 주님의 가시관이 먼저 내려옵니다. 그다음, 그 가시관에서 핏방울이 떨어지기 시작하고 그 핏방울은 어느새 물결처럼 흐릅니다. 천사들은 끊임없이 치료의 도구로 닦아내고 뽑아내고 여러 가지 일들을 합니다. 주님은 공중에서 구름 위에서 모든 것을 통제하시고 천사들에게 명령하십니다.

악한 마귀는 끊임없이 방해를 할려고 주위에서 복잡하게 합니다. 저는 위암과 당뇨와 혈압과 심장까지 좋지 않은 상태입니다. 모든 치료를 마치고 주님께서 "성부와 성자와 성령의 이름으로 세례를 주노라."

"아멘."

온몸에 빨주노초파남보 물체를 부을 때 나의 몸에서 허물이 벗겨지고, 새로운 옷으로 입혀집니다. 밤 12시부터 새벽 5시까지 이루어졌습니다.

이제, 저의 몸은 새로운 몸이 되었습니다. 말하는 것이나 무엇 때문에 살아야 하는지를 확실히 알게 되었고 이제 주님께서 말씀하신 글을 쓰게 됩니다. 예전에는 앉아있는 것 자체가 고통이었습니다. 너무나 허리가 아프고 통증이 오기 때문에. 그러나 주님께서 혈관을 치료하신 후로는 3일째 글을 써도 아프지가 않았습니다. 주님께 영광의 박수를 올립니다.

온 천지가 흰 눈으로 쌓여있는 어느 날, 주님은 구름을 타고 천사들과 함께 오십니다. 공중에서 나의 이름을 부르시며 손을 펴시면서 "이리로 올라오라." 할 때, 나의 영혼은 주님과 함께 날기 시작합니다.

어느 높은 산, 깊은 계곡 위에 폭포가 흐르는 곳에 도착했는데, 나의 모습은 어린아이의 모습이었고, 갑자기 나는 어린양이 되었다가 또 독수리가 되었다가 사람이 되었습니다. 또한 그곳에는 끝도 없는 포도밭이 있었는데, 그곳에서 주님은 일을 하십니다. 주님은 씨를 뿌리고, 어린아이는 울타리를 치고. 그래서 그 포도가 익으면 하늘로 올라가는 것이었습니다. 이 일을 마치고

"저 위로 가자!"

"거긴 왜요?"

폭포 위에 주님과 함께 올라가서 주님은 저를 낭떠러지에 떨어지게 떨어뜨리시고, 반복적으로 떨어뜨리면서 "마음을 단련하는 것이다."고 하십니다. 또한 그곳에서 "수영을 하게 만들 것이다."고 하시면서, 주님이 손으로 소리를 내시니 저는 참 수영을 잘했지만, 주님께서 안 보이시면 그만 물에 잠기어서 허우적댔습니다.

주님은 다시 저를 데리고 포도밭으로 가서 포도밭 일을 하십니다. 그곳에 앉아있을 때 그 아래 시커먼 강물이 흐르고 있는

데 사람도 함께 떠내려가고 있으면서 악취가 그렇게 심하게 납니다.

예수님께서 말씀하십니다.

"저것은 나의 백성들의 썩은 심령이란다."

회개를 하지 않은 심령은 썩어간다는 것입니다.

우리의 마음과 몸속을 회개를 통해서 맑은 물로 끊임없이 교체해야 합니다.

저는 주님과 함께 또 포도를 따기 시작했고, 그 포도는 하늘로 하얀 형체로 올라가고, 아직 따지 않은 포도를 말하면서 "아버지께서 이렇게 일을 하셨구나." 하면서 그 포도는 오래된 일꾼들이라면서 다시 포도를 거두라고 말씀하셨습니다. 또다시 그곳은 사과, 앵두 과일나무가 심겨집니다. 그리고 그것이 다 익으니 주님은 말씀하십니다.

"이 과일들은 세상 사람들인데 복음으로 딸 것인가, 그냥 딸 것인가? 여러 가지 애쓰고 힘써야 된다."고 말씀하십니다.

저는 이제 20대의 모습으로 바뀌었고, 별의 뚜껑이 열리고, 주님과 함께 찬란한 빛 속으로 날기 시작했습니다. 주님과 함께 도착한 곳은 천국이었습니다. 제가 본 천국은 지구와 흡사한 형태이고, 온천지가 물이 흐르고 있고, 물결은 은빛 찬란하고, 하늘에는 해가 없어도 너무나 눈부실 정도로 찬란한 빛으로 가득했고 수많은 천사들은 공중에 날아다니고, 수많은 꽃들과 나비들과 나무들도 있으며 모든 것이 생명력이 넘칩니다.

저는 천국의 입구에서 천사를 만났고 그 천사는 생명수의 강물을 떠서 나의 머리에 붓습니다. 그다음 예복을 입는 방으로 가서 옷을 갈아입고, 주님께 나아가 경배를 드립니다. 저는 천국에서 많은 드레스를 입어 보았고, 또한 주님께 경배를 드렸는데 그곳에서 다시 한번 저의 죄를 낱낱이 회개를 시키시는 주님께서는 "천국은 작은 죄라도 모두가 드러나기 때문"이라 하셨습니다.

천국은 마치 빛의 세계와도 같습니다. 주님의 모습은 너무나 찬란합니다. 주님께서 불러주시지 않으면 어디로 가야 할지 잘 모릅니다. 주님은 반드시 이름을 부르시고, 주님은 항상 저의 손을 잡으시고 다니십니다. 주로 천국은 날아다닙니다.

날아서 간 곳은 저의 시어머님이 계신 곳이었습니다. 저의 시어머님은 나를 보고 "웬일이냐?" 제가 "주님과 함께 왔어요." 저의 시어머님은 이 땅에 계실 때 신앙생활을 열심히 하셨고, 항상 시간을 정하셔서 기도하시고 바르고 정직하셨으며 나누어 주기를 좋아하셨습니다.

저는 그 장면을 보고 와서 회개했습니다. 우리의 부모님은 눈앞에 보일 때 잘 섬겨드려야 하는데, 눈 깜빡일 동안 그 모습은 사라지고 맙니다. 부모님을 잘 섬기는 것은 주님께 나아가는 축복의 통로가 됩니다.

또 주님은 저를 데리고 특별한 곳에 간다고 하십니다. 그곳은 찬란한 빛이 비추이는데 궁전의 형체가 나타나기 시작합니다. 온 하늘은 빛과 천사들의 모습으로 둘러싸여 있고, 수많은 사람들과 천사들은 분주하게 다닙니다. 궁전으로 갔습니다. 주님은 어느새 흰색에 찬란한 빛이 나는 옷을 입으셨고 나는 황금빛 드레스와 금 왕관, 꼭 마치 왕비 같은 느낌으로 걷고 있습니다.

도착한 곳은 아버지 하나님께서 계신 보좌 앞입니다. 저는 주님의 손을 잡고 아버지 하나님 앞에 경배를 올렸습니다. 아버지 하나님께서 말씀하십니다.

"너는 저가 없었으면 죽었느니라. 너는 저가 없었으면 죽었느니라. 너는 저의 말을 들으라."

너무나도 웅장하고 두렵고 떨었습니다. 무릎이 펴지지가 않았습니다.

[요한계시록 5:9]
그들이 새 노래를 불러 이르되 두루마리를 가지시고 그 인봉을 떼기에 합당하시도다 일찍이 죽임을 당하사 각 족속과 방언과 백성과 나라 가운데에서 사람들을 피로 사서 하나님께 드리시고

사람을 피로 사서 하나님께 드리고 말씀하십니다. 주님을 거치지 않고서는 아버지 하나님 앞에 나아갈 수가 없다는 것입니다.

[히브리서 10:19]
그러므로 형제들아 우리가 예수의 피를 힘입어
성소에 들어갈 담력을 얻었나니

저는 그곳에서 또 저의 고향에 사셨던 권사님을 만나게 됐습니다. 그 권사님은 정말 아름다운 모습이었습니다. 그 권사님은 아버지 하나님께서 계신 궁전에 있었습니다. 그분은 산길을 걸어서 새벽기도를 열심히 하셨고, 얼마나 교회 일에 앞장서서 하셨는지 모릅니다. 많은 핍박을 받으면서도 그 마을에 복음을 전했고, 지금은 그곳에서 목사님 되신 분들이 제가 알기로는 일곱 분이나 됩니다.

주님은 저를 부르실 때에 항상 구름을 타고 천사들과 함께 오십니다. 제가 사는 아파트 위 하늘에 흰 구름 위에 주님께서 좌정하고 계십니다. 주님은 나를 부르시는 동시에 손을 펴시면서 "이리 올라오라."고 하십니다. 그때 나의 영혼은 날아서 주님과 함께 천국에 가게 됩니다. 나의 몸은 침대 위에 있어도 나의 영혼은 날고 있고, 주님과 대화를 하면서도 나는 울기도 하고, 웃기도하고, 나의 육신은 그대로 표현을 하게 되고, 슬플 때는 눈물을 흘리기도 합니다.

주님은 나를 데리고 조용하고 아름다운 생명수 강가에 있는 동산으로 가서 함께 대화를 하였습니다. 이 동산은 앞에는 아버지 하나님이 계신 보좌가 있고, 바닥은 유리 같은 것으로 깔려있으며, 물고기는 색색으로 유리 같은 것 밑으로 다닙니다. 강 좌우로는 과일나무가 있고, 동산에는 수많은 꽃들과 나비들이 있고, 천사들은 계속 작업을 하고 있습니다. 또한 앞에는 생명수 강물이 수시로 색깔이 변하고 주님은 그것을 주시하면서 보고 계십니다.

또한 그 동산에는 수시로 수많은 찬양대와 천사들과 그룹들이 와서 하나님 아버지께 경배를 드리고 찬양에 맞추어서 주님과 함께 춤을 춥니다. 하나님 아버지는 천국의 하늘에 나타나셔서 크게 웃으시면서 이 예배에 화답하십니다.

천국에서 주님은 모든 것을 통치하고 계십니다. 저는 천국에서 주로 주님과 걷기도 하고, 춤을 추기도 하고, 여러 가지 말씀하신 것을 듣습니다. 주님은 저에게 많은 기도를 해 주셨지만, 특히 축복기도를 하실 때는 안수하시고 반드시 저는 무릎을 꿇습니다.

이제 저는 천국에서 주님께서 말씀하신 것을 온 백성들에게 전하려고 하셔서 책을 쓰게 되었습니다. 저는 5개월에 걸쳐 천국을 16번 방문했고, 1권 구름 저편에 계신 주님, 2권 주님이 흘리신 사랑. 2권의 책을 완성했습니다. 또한 3권 주님의 사랑 그 놀라운 사랑과 4권 성령의 전신갑주 책을 마무리하게 되어서 기쁩니다. 모든 영광을 하나님께 올려드립니다.

예수님은 말씀하십니다.

예수님 : "너는 내가 보낸 곳에 가서 사람이 적으나 많으나 나의 복음을 전하겠느냐? 어디든지 가겠느냐?"
지귀복 : "예, 주님."

 ## 영적인 삶과 육신의 삶

 예수님을 나의 구주로 영접하고 성령님을 모시고 살면 진리의 성령이 내게 임하시며 참 자유함이 옵니다. 기도하는 통로를 통해서 주님과 대화를 할 수 있는 성경 말씀을 통해서 성령께서 깨닫게 하시고 지도해 주십니다. 그 사랑 많으신 예수님은 2천년 전에 이 땅에 저와 여러분의 모든 죄를 짊어지시고 십자가 위에서 물과 피를 다 쏟으시고 우리를 죄에서 다 속량해 주셨고 누구든지 예수님을 믿기만 하면 구원에 이를 수 있게 하셨습니다. 하나님은 오늘도 저와 여러분을 사랑하시고 예수님 보혈의 피로 죄를 회개하기 원하시고 깨끗이 씻겨주시길 원하십니다. 주님이 주시는 참 평안을 얻도록 오늘도 부르십니다. 우리의 삶에는 2가지 삶, 생활에 얽매인 삶과 성령에 이끌리는 삶이 있습니다.

[누가복음 21:5~38]

5 어떤 사람들이 성전을 가리켜 그 아름다운 돌과 헌물로 꾸민 것을 말하매 예수께서 이르시되 6 너희 보는 이것들이 날이 이르면 돌 하나도 돌 위에 남지 않고 다 무너뜨려지리라 7 그들이 물어 이르되 선

생님이여 그러면 어느 때에 이런 일이 있겠사오며 이런 일이 일어나려 할 때에 무슨 징조가 있사오리이까 8 이르시되 미혹을 받지 않도록 주의하라 많은 사람이 내 이름으로 와서 이르되 내가 그라 하며 때가 가까이 왔다 하겠으나 그들을 따르지 말라 9 난리와 소요의 소문을 들을 때에 두려워하지 말라 이 일이 먼저 있어야 하되 끝은 곧 되지 아니하리라

10 또 이르시되 민족이 민족을, 나라가 나라를 대적하여 일어나겠고 11 곳곳에 큰 지진과 기근과 전염병이 있겠고 또 무서운 일과 하늘로부터 큰 징조들이 있으리라 12 이 모든 일 전에 내 이름으로 말미암아 너희에게 손을 대어 박해하며 회당과 옥에 넘겨 주며 임금들과 집권자들 앞에 끌어 가려니와 13 이 일이 도리어 너희에게 증거가 되리라 14 그러므로 너희는 변명할 것을 미리 궁리하지 않도록 명심하라 15 내가 너희의 모든 대적이 능히 대항하거나 변박할 수 없는 구변과 지혜를 너희에게 주리라 16 심지어 부모와 형제와 친척과 벗이 너희를 넘겨 주어 너희 중의 몇을 죽이게 하겠고 17 또 너희가 내 이름으로 말미암아 모든 사람에게 미움을 받을 것이나 18 너희 머리털 하나도 상하지 아니하리라 19 너희의 인내로 너희 영혼을 얻으리라 20 너희가 예루살렘이 군대들에게 에워싸이는 것을 보거든 그 멸망이 가까운 줄을 알라 21 그 때에 유대에 있는 자들은 산으로 도망갈 것이며 성내에 있는 자들은 나갈 것이며 촌에 있는 자들은 그리로 들어가지 말지어다 22 이 날들은 기록된 모든 것을 이루는 징벌의 날이니라 23 그날에는 아이 밴 자들과 젖먹이는 자들에게 화가 있으리니 이는 땅에 큰 환난과 이 백성에게 진노가 있겠음이로다 24 그들이 칼날에 죽임을 당하며 모든 이방에 사로잡혀 가겠고 예루살렘은 이방인의 때가 차기까지 이방인들에게 밟히리라 25 일월 성신에는 징조가 있겠

고 땅에서는 민족들이 바다와 파도의 성난 소리로 인하여 혼란한 중에 곤고하리라 26 사람들이 세상에 임할 일을 생각하고 무서워하므로 기절하리니 이는 하늘의 권능들이 흔들리겠음이라

27 그 때에 사람들이 인자가 구름을 타고 능력과 큰 영광으로 오는 것을 보리라 28 이런 일이 되기를 시작하거든 일어나 머리를 들라 너희 속량이 가까웠느니라 하시더라 29 이에 비유로 이르시되 무화과나무와 모든 나무를 보라 30 싹이 나면 너희가 보고 여름이 가까운 줄을 자연히 아나니 31 이와 같이 너희가 이런 일이 일어나는 것을 보거든 하나님의 나라가 가까이 온 줄을 알라 32 내가 진실로 너희에게 말하노니 이 세대가 지나가기 전에 모든 일이 다 이루어지리라 33 천지는 없어지겠으나 내 말은 없어지지 아니하리라 34 너희는 스스로 조심하라 그렇지 않으면 방탕함과 술취함과 생활의 염려로 마음이 둔하여지고 뜻밖에 그 날이 덫과 같이 너희에게 임하리라 35 이 날은 온 지구상에 거하는 모든 사람에게 임하리라 36 이러므로 너희는 장차 올 이 모든 일을 능히 피하고 인자 앞에 서도록 항상 기도하며 깨어 있으라 하시니라 37 예수께서 낮에는 성전에서 가르치시고 밤에는 나가 감람원이라 하는 산에서 쉬시니 38 모든 백성이 그 말씀을 들으려고 이른 아침에 성전에 나아가더라

생활에 얽매인 삶은 생활의 염려로 마음이 둔하여지고 죄의 무게에 눌려 양심이 마비되어 가는 것을 말합니다.

성령에 이끌리는 삶은 다음과 같습니다.

* 보고 싶고 – 말씀   * 듣고 싶고 – 설교
* 사랑하고 싶고 – 전도   * 축복하고 싶고 – 생명

* 이끌어 주고 싶은 마음 - 위로

예수님은 말씀하십니다.

"말씀과 성령으로 기도하는 잉태하는 그릇이 되라. 율법을 들여다보는 자는 무엇을 기대하는 자요. 꿈이 있는 백성은 망하지 아니한다."

오늘날 풍성하게 흘려 넘치는 말씀을 통해서 우리는 이 은혜 안에 거하고 있는 것입니다. 그 말씀을 내가 받고 어떻게 행할 것인가는 나의 의지에 달려 있죠. 결단이라는 것이 필요합니다.

[이사야 53:5]
그가 찔림은 우리의 허물 때문이요
그가 상함은 우리의 죄악 때문이라
그가 징계를 받으므로 우리는 평화를 누리고
그가 채찍에 맞으므로 우리는 나음을 받았도다

예수님은 말씀하십니다.

"내가 채찍에 맞음으로 너희가 나음을 입었고, 얼마나 끔찍한 일이거늘 이 일은 내가 다 이루어 놓은 것을 왜 모르는 것이냐? 왜 나를 의지하지 않는 것이냐? 마귀는 잔인하고 너무나도 너희를 몰아치고 있는데 왜 나를 의지하지 않는 것이냐?"

🌸 주님과의 막힌 담

주님. 그냥 눈물이 납니다.

주님. 그냥 눈물이 납니다.

흐르는 눈물은 감출 길 없이 기도가 시작됩니다.

'언제부터인가, 어느 시간부터인가 나의 마음이 강퍅해져 가네요. 주님의 그 사랑이 나의 눈에서 흐를 수 있도록 은혜 내려 주소서. 주님의 그 자비하심이 나의 얼굴에 흐를 수 있도록 은혜 내려 주소서. 주님의 그 사랑이 나의 맘속에 흐를 수 있도록 은혜 내려 주소서. 이 시간 나에게 내려 주소서. 감사의 눈물이, 감격의 눈물이 넘쳐날 수 있도록 은혜 내려 주소서. 또다시 주님의 은혜가 흐르는 통로가 되게 하소서. 기도의 문이 닫혔고, 기도는 해도 답답합니다.'

예수님은 말씀하십니다.

예수님 : "교만한 죄 때문에 입술로 범죄하지 말라. 너는 너고, 그는 그다. 다른 사람들은 말할지라도 너는 입술을 열지 말거라. 은혜가 소멸되느니라."

지귀복 : "성령님 깨닫게 하시오니 감사합니다."

기도의 문이 열렸습니다. 마음의 문이 열어지므로 죄를 범하면 겹치게 됩니다. 회개 기도할 때 그 문이 하나하나 열려서 기쁨이 임하고 희락이 임하고 평강이 임하게 됩니다. 제일 기도를 가로막는 것은 교만입니다. 모든 것은 주님이 섭리하시고 계시다는 것을 잠깐 잊어버리고 생각하고 행하는 것들, 주님이 허락하지 않으시면 아무것도 아닙니다.

주님의 사랑이 필요한 가정

남편과 아내가 살면서 각자가 머릿속에 스쳐 가는 생각을 품는 것은 몰래 죄지은 것이나 다름없습니다. 회개해야 합니다.

[시편 51:7]
우슬초로 나를 정결하게 하소서 내가 정하리이다
나의 죄를 씻어 주소서 내가 눈보다 희리이다

가정에서 주의 일 가로막고 가족을 주관하는 마음을 고쳐주세요. 오랜 세월 그렇게 해온 결과, 모두 다 빗나가고 맙니다. 모든 것은 다 주님의 것임에 감사하면서 사용할 수 있게 하시고 잘못된 영들 주의 이름으로 묶어주세요.

[시편 40:1~2]
1 내가 여호와를 기다리고 기다렸더니 귀를 기울이사 나의 부르짖음

을 들으셨도다 2 나를 기가 막힐 웅덩이와 수렁에서 끌어올리시고 내
발을 반석 위에 두사 내 걸음을 견고하게 하셨도다

주께서 말씀하시기를

"네가 일일이 변명하지 않아도 내가 일을 하고 있다. 내가 가
장 정확한 시간에 너를 구출해 주었노라. 말씀 안에 들어와야 너
의 은사가 정확하게 나간다. 그러므로 바른 성경관이 필요하다.
내가 너의 나아갈 길을 이끌고 있다. 물권을 줄 것이다. 사랑하
는 내 딸아, 찬양하라. 부모와 형제의 영혼을 위해서 울라. (금
식하며 부르짖으라) 늘 나와 대화하며 사는 삶이 복된 삶이다."

주님의 보혈로 씻기소서

나는 누구인가? 나는 누구인가?

주님께 고백합니다.

'지금껏 많은 은혜를 입고 살면서 작은 일 하나가 나를 향해 바
람결에 낙엽이 흔들리듯이 내 맘은 어느새 흔들리네요. 주님의
그 많은 은혜를 입고서도 이리도 나약한 믿음이었다면 너무나
부끄러워 고개를 들 수가 없네요.'

[시편 51:9~11]

9 주의 얼굴을 내 죄에서 돌이키시고 내 모든 죄악을 지워 주소서 10 하나님이여 내 속에 정한 마음을 창조하시고 내 안에 정직한 영을 새롭게 하소서 11 나를 주 앞에서 쫓아내지 마시며 주의 성령을 내게서 거두지 마소서

'나의 이 작은 모습을 외면하지 마시고, 주님의 그 보배로운 피로 나를 씻기소서. 정하게 하소서. 나의 작은 부분이라도 간섭하시고 발견하셔서 나를 씻기소서. 주님의 보혈로 이 시간 내가 정하게 되겠나이다. 이전에 지나간 일들이 나를 붙잡지 않도록 주님의 그 자비하신 사랑으로 나를 용서하소서. 주님만 간절히 원합니다. 저 밀려오는 파도처럼, 저 요동치는 물결처럼 내 삶 속에 밀려오는 삶의 무게를 주님 발 앞에 내려놓기를 원합니다.

나를 찾아주시고, 나를 위로하시고, 친히 나의 손을 잡고 인도하시는 주님. 그 사랑이 너무나 감사해서 나는 주님께 고백합니다. 사랑합니다! 나의 예수님 감사합니다! 나의 예수님, 머지않아 주님께서 이 땅에 오실 때에는 진정 나의 눈에서 눈물이 빛이 되어 날고 있겠지요. 오늘도 나를 바라보시는 주님. 이 세상의 삶을 당당하게 나아가게 나의 등을 밀어주시는 주님. 나는 항상 어떻게 해야 하나요? 하고 기도합니다. 주님의 그 사랑이, 주님의 그 능력이 나의 맘속에 넘쳐나기를 소원합니다.'

예수님은 말씀하십니다.

예수님 : "사람들은 네가 앞으로 어떻게 나올지 궁금하단다.

첫째, 새벽에 기도와 예배와 성령의 인도함 따라 행하고. 둘째는, 꽂꽂이를 하게 될 것이고, 영적으로 새로워질 것이다. 너의 남편이 너의 앞을 가로막지는 못할 것이다. 이제는 점점 주님이 너의 남편을 주관하게 될 것이다. 너는 마음껏 너의 주님을 외치게 될 것이다."

지귀복 : "아멘. 주님. 나같은 죄인이 이렇게 주님을 외칠 수 있는 입술과 마음을 주신 주님, 찬양합니다."

예수님은 말씀하십니다,

예수님 : "나는 너를 항상 사랑한단다. 너의 육신이 피곤해서라는 것도 안다. 하지만, 좀 더 지혜롭게 살았으면 좋겠구나."

지귀복 : "예, 주님."

예수님 : "나는 너가 성전에서 예배 때마다 와서 나의 말씀을 듣고 영적으로 세워져 가는 너를 보면서 기쁘다. 나의 영광을 위해서 일하러 갈 것을 생각하면 기쁜단다."

지귀복 : "주님. 부족한 저를 불러주셔서 치료해 주시고, 은혜 주셔서 감사해요. 버림받을 수밖에 없는 죄인을 구원해주신 예수님, 주님을 경배합니다. 주님을 찬양합니다. 항상 인도하시고 깨닫게 하시는 성령님, 감사드립니다."

예수님은 말씀하십니다.

예수님 : "내가 너를 택한 것은 결코 짧은 시간이 아니었단다. 길고 긴 시간 속에 모든 것을 다 참았고, 기다렸고, 은혜

로 들어올 수 있게 인도해 주었느니라.”

지귀복 : “주님의 은혜 감사드립니다.”

찬양의 제사

주님. 주님. 주님.

이 죄인이 어리석어서 주님을 멀리하고 방황하고 방탕한 삶을 살았어요. 지금도 나의 속에서 꿈틀대는 육신의 정욕을 제하여 주시고, 오직 예수, 오직 믿음, 오직 말씀으로 세워지게 하소서. 아멘.

[시편 50:14~15]

14 감사로 하나님께 제사를 드리며 지존하신 이에게 네 서원을 갚으며 15 환난 날에 나를 부르라 내가 너를 건지리니 네가 나를 영화롭게 하리로다

예수님은 말씀하십니다.

“마음이 강퍅해서 찬양하는 것에 인색하다. 심령 천국의 강 속에서 물결치듯이 찬양할 때, 오~~ 내 자녀로구나.”

주님을 찬양할 때 영적인 압박, 쫓김, 긴장 NO!

온몸으로 찬양을 해야 합니다.

예수님은 말씀하십니다.

예수님 : "오, 내 자녀야, 이 세상의 찌든 때를 나의 보혈로 씻
　　　　　겨 정결하게 될지어다. 너의 몸과 영혼이 환하게 빛날
　　　　　지어다."
지귀복 : "아멘."

[요한일서 1:7]
그가 빛 가운데 계신 것 같이 우리도 빛 가운데 행하면 우리가 서로
사귐이 있고 그 아들 예수의 피가 우리를 모든 죄에서 깨끗하게 하
실 것이요.

 ## 나는 알파와 오메가가 되신 예수님이시다

예수님은 말씀하십니다.

"사랑하는 귀복아, 이제 10월이 되었구나. 이제 네가 방언 기
도를 하루에 4시간 해야 되겠구나. 이제는 준비해야 할 시간이
왔구나. 새벽기도에 1시간, 집에 와서 1시간, 오전 식사 준비하
고 1시간, 성경 읽기 끝나고 1시간. (밤에는 찬양의 제사)"

"사랑하는 딸 귀복아, 내 말 좀 들어보렴. 너는 이제 대단한 결

심과 인내력과 의지가 있어야 한다. 방언 기도의 4시간은 마귀를 묶으라. 1주일씩 시작하라. 주님께서 친히 지켜볼 것이다. 방해 요소를 제거하면서 나아갈 준비를 하거라. 처음은 미약하다. 시간이 갈수록 강하게 될 것이다. 항상 너를 보호하는 천사가 있고, 주님이 너와 동행하시고, 성령께서 조명하시는 것을 기억하고 행하거라."

"소식을 하고, 영적인 힘을 길러라. 매운 것은 금지. 콩, 두부, 뿌리가 달린 채소와 이용한 반찬. 상황버섯 물을 마시고, 조림. 우엉. 우엉차. 음식은 사 먹지 말고, 될 수 있으면 집에서 해서 먹도록 하라."

 ## 축복의 통로

예수님은 말씀하십니다.

"귀복아, 너를 향해서 축복이 내려가고 있다.
너무 서두르지 말거라. 축복은 물처럼 흐르는 것이다.
거슬러 가는 것이 아니고, 자연스럽게 흐르는 것이다."

* 주님이 주신 축복의 물줄기 (그림 참조_p. 245)

(강함과 약함을 통과) 그다음 쎄게 깊은 웅덩이를 통과.

너무 쎄게 내려가서 다시 폭포가 되어서 그다음은 낮은 강줄기로, 그다음은 평온한 낮은 강까지 거쳐서 우리에게 주먹만한 보석 같은 물방울이 우리를 향해서 퍼진다. 공 모양으로. 빛으로.

예수님은 말씀하십니다.

예수님 : "귀복아."
지귀복 : "예, 주님."
예수님 : "이 세상에는 두 종류의 사람이 있다. 하나는 나의 길로 들어오는 사람, 또 하나는 들어왔다 나가는 사람. 그러나 지금은, 이 땅에 살아갈 때는 아무 문제가 없다는 것이다. 하지만, 마지막 날에는 하늘과 땅 차이로 멀어진다는 것이다. 들어왔다 나가는 자는 자기의 인이 박혀서 주장하는 것이 도무지 고쳐지지 않은 사람, 겉만 고쳐져서 그때그때 쓰기에 편한 것처럼 하고 있는 사람이다. 나의 길로 들어오는 자는 날마다 자기의 죄를 고백하고 나의 보혈의 피로 깨끗이 씻고 정리하는 사람이란다. 어느 편에 서야 하겠느냐?"
지귀복 : "나중 편입니다."
예수님 : "그럼, 열심을 내거라."
지귀복 : "예, 주님."

 성령의 바람

예수님은 말씀하십니다.

"영혼을 위한 모든 기도가 성령의 바람으로 각자에게 임할지어다. 성령의 바람 소리. 주님의 이름으로 마귀를 묶어라. 문제는 주님의 이름으로 기도하고, 나가나 들어가나 너를 지킬 수 있는 것은 너의 입술에서 나오는 성령의 기름 부음의 방언 기도의 능력이니라. 말씀을 인용하고 오랜 세월 묶여 있는 머릿속의 죄악을 다 뽑아내고 있다. 그다음 말씀의 기름을 부을 것이다. 그러니 방언 기도 4시간을 해야 하느니라."

예수님 : "귀복아."
지귀복 : "예, 주님."
예수님 : "내일부터는 점심을 12시부터 5시까지만 음식을 섭취하거라. 음식을 많이 먹으면 영적인 힘이 약해지고, 기도하기가 힘이 든단다. 전적인 성령의 인도하심 따라 기도하려면 소식하라."

주님이 말씀하신 것을 지킬 때 새로운 영의 세계가 열립니다.

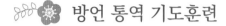 방언 통역 기도훈련

예수님은 말씀하십니다.

"모든 성경의 인물들을 보아라. 열심히 자기의 할 일을 하면서 때를 기다리는 인내하는 모습을 보지 못하느냐? 너의 성격대로 이루어지는 것이 아니란다.

(예를 들면) 다윗을 보아라. 그가 왕의 기름부음을 받았지만, 오랜 세월 기다림으로 그것을 이루지 아니하였느냐? 그 기간 동안 일어나는 일들을 보면 평안만 있었겠느냐? 때로는 쫓기고, 때로는 죽음이 앞을 가로막고, 때로는 위험 속에서도 여전히 하나님을 경외하고 신뢰하는 그 모습을 보지 못하느냐?"

예수님 : "귀복아. 나는 너의 주님이시다. 내가 너에게 말한 많은 것들이 허공을 치는 말에 지나는 것이 아니고, 앞으로 이룰 약속들이며 행할 일들이란다. 너는 그것을 믿으면서도 조급해하는구나. 항상 꾸준히 기도하고, 말씀 보고, 너의 할 일을 하면서 때를 기다리거라. 간증을 계속 쓰고 정리하고 읽거라. 너는 외롭지 않고, 너는 혼자가 아니고, 내가 너와 함께 하는데 무엇을 염려하고 있고 두려워하느냐? 삶에 여러 가지 물질적인 문제도 정리해 줄 것이다."

지귀복 : "주님의 빛이 없이는 살아갈 수가 없고, 주님이 붙들어 주지 않으시면 살아갈 수가 없나이다."

예수님은 말씀하십니다.

"너는 의지가 약하니라. 그래서 지금 그것을 단련하고 있다. 쉽게 포기하고, 쉽게 말하고, 쉽게 좌절하는 것을.

기도도 의지가 있어야 하고, 말씀도 의지가 있어야 하고, 전도도 의지가 있어야 한다. 은사 개발은 의지가 강한 데서 나온다. (억지로 하지 말고, 꼭 필요한 기도와 성령충만. 목적과 생각이 일치하는 기도를 해야 한다.)"

은사 개발의 시작은 의지입니다..

모든 영적인 은사는 이런 식으로 개발되어지는 것입니다.

의지의 기름부음.

지금까지 나를 괴롭혀 온 무기력, 열등의식, 좌절, 낙심, 쉽게 포기해 버리고, 쉽게 낙심케 하고, 대항도 하지 못하게 짓눌린 마귀야. 예수 이름으로 물러가라!

의지의 기름 부음으로 기도의 모든 언어를 긍정의 기도로 바꾸어야 합니다.

"주님, 나를 이끌어 주시니 감사드립니다. 나는 할 수 있다! 나는 하면 된다! 나는 주님이 함께 하신다. 성령께서 나를 도우신다. 이끌어 주신 것 미리 감사드립니다.

좌절과 낙심, 어둠의 영은 주의 이름으로 물러가라.
성령의 불로, 성령의 불로 모든 죄를 다 태워버려 주소서.

주여, 빛을 비추어 주시니 감사드립니다.
생명의 빛 소망의 빛을 주신 주님 경배드립니다."

지금까지 기도한 부정 언어를 긍정 언어로(감사로) 모두 바꿔야 합니다.

"이미 이루어주실 것을 감사드립니다. 말씀으로 천지를 창조하신 하나님 아버지(입술로 시인→중요합니다). 오늘도 나를 훈련하신 주님, 주님께서 평강을 주시니 감사드립니다."

예수님은 말씀하십니다.

예수님 : "기도로 그것을 풀어야 하느니라."
지귀복 : "주님을 경배합니다."
예수님 : "영적인 것은 푸는 열쇠와도 같단다. 어떠한 어려움과 고통이 와도 너의 입술로 불평하지 말 것. 다른 사람에게 짜증이 나도 전가하지 말 것. 오직 주님께 간구해야 한다."

마귀는 믿음이 떨어지기를 기다리다가 넘어뜨리려고 항상 도사리고 있습니다. 온전히 낮아지지 못하면서 무엇을 할 수 있단 말인가? 나의 깨어짐에 도전하게 하소서.

나의 주님. 주님을 생각하면, 십자가를 바라보면 못할 것이 무

엇이 있겠습니까. 아직도 나의 자존심과 교만이 꿈틀대는 나를
발견합니다.

주여 낮아지고, 주여 깨어지게 하소서.
주님의 보혈의 피가 없이는 살아갈 수가 없습니다.
나를 정결케 하소서. 주님의 보혈의 피를 의지합니다.
주님의 보혈의 피의 권능은 한이 없습니다.
나를 살리신 주님, 나를 도우시는 주님. 주님을 사랑합니다.

예수님은 축복하십니다.

예수님 : "주 예수의 성령이 내게 임하였으니 이제는 누가 너를
가르칠 필요가 없고, 성령의 인도함으로 이끌어 주리
라. 지혜와 지식과 총명이 충만하고, 성령으로 충만할
지어다. 믿음과 겸손의 영으로 충만, 예수 그리스도의
영으로 충만할지어다."
지귀복 : "아멘."
예수님 : "빈들의 마른 풀 같은 너의 영혼이 성령의 단비가 내리
었으니 성령의 인도함 따라 살아갈지어다. 아멘."
지귀복 : "성령이 오셨네. 내 주의 보내신 성령이 오셨네.

아버지 하나님 감사합니다. 주님의 보혈로 정결케 하시니 감사
드립니다. 내 영혼을 새롭게 하시고 나의 육신을 치료하시니 감
사합니다."

성령의 인도함을 따라가게 될 것이다

 예수님은 말씀하십니다.

예수님 : "강하게 연단을 받아야 할 이유는 스스로 서야 하기 때문이다. 너의 삶을 내가 인도할 것이다. 성령으로... 슬픔도 있을 것이다. 인생은 언제까지 함께 할 수 없는 것이다. 너는 나의 기쁨이고 면류관이니라. 나로 인해 기쁨이 충만하게 될지어다. 나의 기쁨이 없이는 살아갈 수가 없단다."

지귀복 : "주님은 나의 기쁨이십니다.

주님은 나의 사랑이십니다.

주님은 나의 생명이십니다.

주님은 나의 소망이십니다.

주님은 나의 허물을 감싸주시고, 치료하시고,

고치시는 분입니다.

주님은 너무나도 위대하시고 고마우신 분이십니다.

주님은 나에게 강물과도 같습니다.

주님은 나의 새 생명이십니다.

주님은 나의 큰 위로자이시고, 평강이십니다.

그래서 주님은 나의 참사랑이십니다.

주님은 너무나 멋이 있으십니다.

주님은 너무나 찬란합니다.

주님은 너무나 위풍당당하시고,

주님은 너무나도 포근합니다.

주님은 너무나도 엄위하시고,
주님은 너무나도 사랑이십니다

　나를 살리신 아버지 하나님의 그 사랑하심이 없었다면, 이 죄인이 어찌 주님 앞에 설 수 있겠습니까?

　독생자 예수님을 이 땅에 보내주신 아버지 하나님의 그 놀라우신 사랑에 감사드립니다. 경배드립니다.

　하나님께서 나의 아버지신데 무엇이 두렵겠습니까?
　강하고 담대하게 나아갈 수 있게 이끌어 주옵소서.

　나 같은 죄인을 살리시려고 십자가 위에서 물과 피를 다 쏟으신 주님, 주님을 사랑합니다. 그 사랑 많으신 주님이 계시니 두렵지 않아요. 주님 감사드립니다. 더욱더 믿음으로 당당하게 나아갈 수 있게 하소서. 아멘."

 지혜

[로마서 8:6-8]
6 육신의 생각은 사망이요 영의 생각은 생명과 평안이니라 7 육신의 생각은 하나님과 원수가 되나니 이는 하나님의 법에 굴복하지 아니할 뿐 아니라 할 수도 없음이라 8 육신에 있는 자들은 하나님을 기쁘

시게 할 수 없느니라

예수님은 말씀하십니다.

"주님과 함께 한 시간을 잊어버리지 말고. 항상 보고 계시고, 이끌어 주길 원하시고, 대화하길 원하신다는 것을...

그리고 너는 주님을 실망스럽게 하면 안 된다. 보혈의 피. 산을 보라. 산에는 많은 나무들이 있지. 재목이 되려면 가지를 잘라내고 또 비바람 맞아 자라면서 나무가 통통해지듯이, 너의 믿음도 마찬가지다."

[시편 121편]

1 내가 산을 향하여 눈을 들리라 나의 도움이 어디서 올까 2 나의 도움은 천지를 지으신 여호와에게서로다 3 여호와께서 너를 실족하지 아니하게 하시며 너를 지키시는 이가 졸지 아니하시리로다 4 이스라엘을 지키시는 이는 졸지도 아니하시고 주무시지도 아니하시리로다 5 여호와는 너를 지키시는 이시라 여호와께서 네 오른쪽에서 네 그늘이 되시나니 6 낮의 해가 너를 상하게 하지 아니하며 밤의 달도 너를 해치지 아니하리로다 7 여호와께서 너를 지켜 모든 환난을 면하게 하시며 또 네 영혼을 지키시리로다 8 여호와께서 너의 출입을 지금부터 영원까지 지키시리로다

예수님은 말씀하십니다.

"처음에는 집 앞의 작은 나무였지만, 그다음은 반듯한 나무가

된다. 주님을 생각하면 어떤 유혹에도 강하게 나무처럼 곧으니라.

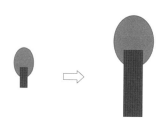

백향목이 성전에 기둥이 된 것처럼 그러한 믿음이 있기까지 나만 바라보고 따라오거라. 지금은 좀 힘들고 어려우나, 머지않아 그러한 믿음을 갖게 될 것이다. 답답해하고, 조급해하지 말고. 주님만 생각하면 못할 것이 무엇이 있겠느냐? 참고 인내하고 너의 할 일을 하거라. 나는 너와 대화를 많이 하고 싶구나. (성령으로 임재하기 위해서는 회개기도)."

예수님은 말씀하십니다.

예수님 : "사랑하는 딸아, 나는 너를 너무너무 사랑한다. 나의 생명을 아끼지 않고 너에게 주었고, 너의 그 많은 죄를 다 나의 보혈의 피로 씻어 주었다. 그런데 너는 엉뚱한 생각을 하는 것을 볼 때 주님은 기쁘지가 않다. 앞으로 주님이 어떤 테스트를 하든 간에 믿음으로 이겨내는 모습을 보여주거라. 알겠느냐?"

지귀복 : "예, 주님. 지혜를 주옵소서."

예수님 : "글을 쓸 수 있는 지혜를 줄 것이다(하나님을 높이고 사랑하는 것)."

[잠언 4:8-9]

8 그를 높이라 그리하면 그가 너를 높이 들리라 만일 그를 품으면 그가 너를 영화롭게 하리라 9 그가 아름다운 관을 네 머리에 두겠고 영화로운 면류관을 네게 주리라 하셨느니라

예수님은 말씀하십니다.

"주님을 잊지 않고 살아가는 것이 지혜이고, 성령과 동행하는 삶인 것이다. 항상 주님께 여쭈어보는 삶, 주님께 의지하는 삶이 지혜이다. 나의 피 값으로 산 나의 백성아, 나의 피를 외치라. 거침없이 나의 보혈을 외치라.

나의 머리에 가시관을 씀으로 너의 생각의 죄를 씻었고.
나의 옆구리에 창을 찔림으로 육신의 죄를 사했고.
(내가 채찍에 맞음으로 모든 병을 치료했노라.)"

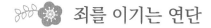

1단계. 이전 생각은 아무것도 아님.

2단계는 강하게 다가왔음.

생각을 타고 오는 마귀를 묶고, 고백하고 정리.

예수님은 말씀하십니다.

예수님 : "기도의 로켓을 쏘아야 한다.
세계를 다니며 간증할 것이다."

지귀복 : "책이 백만 부가 나갈 수 있게 하소서. 주님, 나의 머리
는 너무나 혼란스럽고 복잡해지고 있습니다. 저를 불
쌍히 여기시고 주님의 은총을 내려주시사 머리를 치
료하시고 맑은 영을 주소서. 보혈의 피. 보혈의 피."

[잠언 8:17]
나를 사랑하는 자들이 나의 사랑을 입으며
나를 간절히 찾는 자가 나를 만날 것이니라

이모저모로 나를 공격하는 사탄을 물리쳐 주시고, 오직 온유함
과 겸손함이 있게 하소서. 소멸된 영적 은사와 주님이 주신 방언
이 회복되게 하시고 능력의 방언 주옵소서.

예수님은 말씀하십니다.

"말씀 30장 이상 계속 읽는다. 그것도 연단이 되는 것이다. 훈련을 받아야 앞으로 이겨낼 수 있단다. 정직함을 나타내거라. 반면에 과장과 포장하지 말고, 겸손함을 나타내거라. 너는 나의 신부이니라. 어디에 가면 먼저 마귀를 묶으라."

"귀복아. 내가 너를 위해 계획하는 것이 얼마나 놀라운 계획인지 아느냐? 그러기 위해서는 네가 연단을 받아야만 되느니라. 너의 몸은 지금 단련하고 있느니라.

너는 나의 손길이 가지 않으면, 어찌할 수가 없느니라. 그래서 기도를 계속해야 하느니라. 쉬고 나태하면 안 된다. 게으르지 말라. 시간 맞추어서 식사하고, 문제는 해결하고, 오전에 모든 일을 다 끝내고, 잠은 자지 말고, 글을 쓰고 일을 보거라. 2주 안에 내가 준 방언을 다시 하게 될 것이다.

귀복아, 귀복아. 나는 너를 한순간도 잊은 적이 없느니라. 항상 너를 지켜보고 있다."

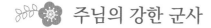# 주님의 강한 군사

[사도행전 2:21]
누구든지 주의 이름을 부르는 자는 구원을 받으리라 하였느니라

[디모데후서 2:11-14]
11 미쁘다 이 말이여 우리가 주와 함께 죽었으면 또한 함께 살 것이요 12 참으면 또한 함께 왕 노릇 할 것이요 우리가 주를 부인하면 주도 우리를 부인하실 것이라 13 우리는 미쁨이 없을지라도 주는 항상 미쁘시니 자기를 부인하실 수 없으시리라 14 너는 그들로 이 일을 기억하게 하여 말다툼을 하지 말라고 하나님 앞에서 엄히 명하라 이는 유익이 하나도 없고 도리어 듣는 자들을 망하게 함이라

나의 우선순위는 주님이십니다. 나는 사람을 의식하지 않습니다. 나는 하루 몇 시간을 기도해야 합니다. 이 책을 쓰는 것은 작은 일이 아닙니다. 나는 나의 머리를 의지하지 않습니다. 나는 기도해서 성령의 인도함을 받습니다. 기도하지 않으면 아무 생각이 없습니다.

나는 지금 걸어가는 단계의 훈련을 받고 있습니다. 나는 능력을 주님께로부터 받습니다. 악한 세력과 맞설 수 있는 것은 오직 능력뿐입니다.

지금부터 나는 담대하게 살 것입니다. 내 영이 소멸되면 그것

을 다시 회복하기가 어렵습니다. 그래서 항상 조심하고 인간의 생각으로 행하지 말아야 합니다.

 나는 겸손해야 하며 주님 앞에 낮아져야 합니다.
 나는 성을 내지 않아야 하고, 온유해야 합니다.
 나는 날마다 회개 기도합니다.
 나는 날마다 찬양의 제사를 드립니다.
 나는 잠자기 전 성령님 모셔 들이고, 깰 때에 성령님을 모셔 들입니다. 나는 생각을 통해서 오는 마귀를 묶습니다. 예수의 이름으로...

 나는 새벽기도를 열심히 나갈 것입니다.
 나는 주님께서 말씀하신 것을 믿음으로 행할 것입니다.
 나는 오직 아버지 하나님만 경외하고, 나는 오직 주님만 사랑합니다.

 나는 항상 성령님과 함께 동행합니다.

 [히브리서 11:1]
 믿음은 바라는 것들의 실상이요

 보이지 않는 것들의 증거니

(환상)

방에 벗은 몸으로 앉아있습니다.

보혈의 옷을 입혀 주신 주님, 감사드립니다.

신발도 빨강, 옷도 빨강, 얼굴도 빨강.

갑자기 깃털이 날리기 시작합니다. 온 방에 온 세상에 성령의 바람이 불어옵니다. 깃털처럼 보혈의 옷을 입고 춤을 춥니다. 주님 감사해요. 나에게 보혈의 옷을 입혀 주셔서.

할렐루야!

[디모데후서 4:7]
나는 선한 싸움을 싸우고 나의 달려갈 길을 마치고
믿음을 지켰으니

[시편 91:4]
그가 너를 그의 깃으로 덮으시리니 네가 그의 날개 아래에 피하리로
다 그의 진실함은 방패와 손 방패가 되시나니

[마태복음 16:24]
이에 예수께서 제자들에게 이르시되 누구든지 나를 따라오려거든 자기를 부인하고 자기 십자가를 지고 나를 따를 것이니라

지귀복 : "항상 지키고 인도해 주신 주님, 오늘날까지 붙들어주신 주님 감사드립니다."

예수님은 말씀하십니다.

예수님 : "사이버 세계에 이미 다 있다. 믿음으로 끌어 내린다."

지귀복 : "주님, 감사드립니다."

예수님 : "나는 너의 모든 죄를 다 용서했느니라. 마귀의 장난에 넘어가지 말고, 강하게 묶으라. 그리고 주님을 사랑하라. 그 주님은 너의 힘이시요, 방패시요, 능력이시니라. 알겠느냐? 나의 신부야, 사랑하는 나의 신부 귀복아."

지귀복 : "아멘. 주님 감사드립니다."

예수님 : "너의 마음을 새롭게 하거라. 믿음은 바라보는 것들의 실상이요, 보이지 않는 것들의 증거니라. 내가 지금 보이지 않지만, 환상을 통해 천국을 오르내렸고 나를 만났지 않니? 믿음은 바라볼 때 이루어지느니라."

예수님은 말씀하십니다.

예수님 : "귀복아."

지귀복 : "예, 주님."

예수님 : "나는 말이다. 항상 너와 이야기를 하고 싶지만, 너는 무엇이 그리 분주한 것이냐? 일을 하면서도 나와 대화하는 귀가 열어져 있어야 하느니라. 그래야 내가 너에게 성령으로 인도함을 받게 할 수가 있느니라. 내가 오늘 너에게 이렇게 임한 것은 너의 마음이 답답해서 그랬고, 너의 머리와 심령이 자꾸만 어지럽게 생각이 복잡해서 그렇게 했느니라. 그 일도 내가 너에게 연단한 것이다. 알겠느냐? 얼마나 네가 이겨내는가를 보았다. 그 마음을 같이 주었느니라. 아마도 괴로웠을 것이다.

그러나 이제 정리가 될 것이다. 사랑하는 딸아. 이러한 것을 너에게 훈련하는 것은, 앞으로 그 어떤 사람이 너에게 다가와도 오직 너의 사모하는 대상은 주님이시라는 것을 확실하게 입력을 시키려는 것이었다."

지귀복 : "주님, 감사드립니다. 저의 연약한 믿음이 더욱 굳건하게 도와주소서. 아멘."

[히브리서 4:12]

하나님의 말씀은 살아 있고 활력이 있어 좌우에 날선 어떤 검보다도 예리하여 혼과 영과 및 관절과 골수를 찔러 쪼개기까지 하며 또 마음의 생각과 뜻을 판단하나니

지귀복 : "주님. 책 문제(법원에서 날아온 소장)를 해결해 주세요."

예수님 : "책 문제를 해결해 주면, 너는 나에게 무엇을 하겠느냐?"

지귀복 : "주여, 주님께서 말씀하신 것을 행하겠나이다."

예수님 : "올 한 해 동안 복음을 열심히 전하겠느냐?"

지귀복 : "아버지여, 나의 아버지여. 주님이 시키시는 말씀대로 하겠나이다."

예수님 : "바르고 정직하게 겸손하게 하겠느냐?"

지귀복 : "주여, 나에게 힘과 능력을 주셔서 행할 수 있게 하소서. 성령님 도와주소서."

예수님 : "나는 알파와 오메가요, 처음과 끝이라. 내 입에서 한번 나간 말은 돌이킬 수가 없느니라. 내가 한번 행한 것을 그 누가 그것을 다시 고치겠느냐? 너에게 일어나는 모

든 일들을 내가 하나하나 풀어줄 것이다. 너는 온전히 나에게 영광을 돌려라. 오직 예수."

[요한계시록 3:18]

내가 너를 권하노니 내게서 불로 연단한 금을 사서 부요하게 하고 흰 옷을 사서 입어 벌거벗은 수치를 보이지 않게 하고 안약을 사서 눈에 발라 보게 하라

예수님은 말씀하십니다.

"너는 과연 나를 만나고 온 자가 맞느냐? 내가 너에게 묻고 싶구나. 이제 너의 심령이 강팍해져 가는구나. 나는 너를 항상 보고 있다. 무엇 때문에 왜 그리도 강팍함이 오는 것이냐? 내가 너에게 조금만 관심이 없다면 흔들리는 것이냐? 나의 나된 것은 하나님의 은혜이니라."

예수님 : "사랑하는 나의 신부야, 너의 그 마음의 번민하는 것을 내가 보고, 듣고 있느니라. 누가 너의 생각을 자꾸 훔쳐 가려고 하는 것이냐? 원수 사탄 마귀가 그러느니라. 하지만 내가 너를 위해 기도하고 있고, 천사가 너를 지키고 있느니라. '나의 힘이 되신 여호와여 내가 주를 사랑하나이다.'라고 늘 고백하길 바란다."

지귀복 : "주님, 사랑합니다. 나는 주님을 사랑해요. 하지만 열심히 하고 싶으나, 생활에 얽매인 제가 무엇을 할 수 있을까요? 주님. 주님은 강한 군사를 원하시는데, 저같이 나약한 자가 무엇을 어떻게 할까요? 주님. 저는

주님을 사랑합니다."

예수님 : "사랑하는 딸아, 내가 말한 것을 잘 쓰거라. 지금부터
는 이제 달라질 것이다. 너의 생활이 너의 환경이 변할
것이고, 너의 주위가 달라질 것이고, 너를 위해 예비한
사람들을 만나게 할 것이다. 너는 항상 겸손하거라. 믿
음으로 행하고, 조금도 흔들림이 있어서는 아니 된다.
마음을 강하게 담대하게 하거라. 이제는 나의 영광을
위해서 정리해 나갈 것이다. 풀잎과 같고 이슬과 같은
인생 속에서 마음의 상처를 안고 살아온 날들이 이제
는 주님을 전하는 기쁨의 날로 바꾸어 줄 것이다. 내가
너에게 말했지 않니? 내가 다 알아서 할 것이라고. 마
귀를 제압할 수 있는 능력을 너에게 주고 있느니라. 강
한 영권이 임할 것이다. 말씀과 기도를 게을리하지 말
고, 꾸준히 하거라."

"귀복아. 내가 너를 사랑한다. 너는 나밖에 없느니라.
그 누가 있느냐? 오직 나뿐이니라. 내가 너를 사랑한
다. 이제는 내가 강하게 할 것이다. 너는 지켜보거라.
네가 행할 수 있도록 나의 말에 귀를 기울이거라."

예수님의 훈련은 계속 이어집니다.

[에스겔 9:6]

늙은 자와 젊은 자와 처녀와 어린이와 여자를 다 죽이되 이마에 표 있
는 자에게는 가까이 하지 말라 내 성소에서 시작할지니라 하시매 그
들이 성전 앞에 있는 늙은 자들로부터 시작하더라

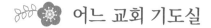

어느 교회 기도실

예수님은 말씀하십니다.

(변할까봐 돕는 기도를 하게 하심)

지금껏 얼마나 기다려서 이 일을 시키시려고...

"여기가 무너지면 한국의 희망이 안 보인다.
기도할 이유, 북한을 거쳐서 중국으로.
내 백성이 얼마나 피와 땀을 흘리면서 기도하기에 나는 그 일을 할 사람을 찾고 있다.
(내 백성의 답답한 영적 상태를 알게 함)
오늘 네게 성령의 기름부음으로 이제는 답답함이 없고 기쁨과 감사가 넘쳐날 것이다."

"이 제단을 펼쳐보니 (교역자들은 앞서가려고도, 뒤로 물러가려고도 안 하고) 목사님은 끊임없이 자기의 마음을 같이 할 자를 찾고, 장로님들은 영적인 지성소에 들어가야 하는데 머물러 있고, 기도하는 오래된 권사님들은 습관과 같이 머물러 있고, 젊은 세대들은 자기들이 잘한다고 우쭐대고. 이래가지고 어찌 열방을 향해 갈꼬? 시간은 없는데 발을 동동 구르는 목사님, 왜 직접 할 수 있는 것을. 영적인 것이 소멸된다면 아무것도 할 수 없고, 또한 모두 다 죽는다. 혼자서 영적 싸움을 하고 있다. 영적인 것을 알아야 영적 싸움을 할 수 있다."

예수님은 말씀하십니다.

"이제는 달라질 것이다. 주님의 사명을 받았으니. 앞으로 전진할 것이다. 너를 붙잡고 괴롭게 한 세력은 부숴질 것이다. 주님이 시켰은즉, 주님이 마무리를 할 것이다."

예수님의 모습 3가지는,

첫 번째, 금빛으로 된 예수님 형상입니다. (이 땅에서가 아닌, 천국에서 입게 될 옷입니다.)

두 번째, 빛으로 된 예수님 형상(천국에 가서 보게 될 예수님)입니다.

세 번째, 허름한 옷차림의 예수님 형상입니다.

예수님은 섬기러 오셨습니다. 이 땅에서는 허름한 옷차림의 예수님처럼 섬겨야 합니다. 이 땅에서 능력의 예수님만 찾고 축복의 예수님만 찾지, 섬기러 오신 예수님은 별로 안 찾습니다. 예수님이 겟세마네 동산에서 기도하신 장면을 생각하면서 무릎 꿇고 골방에서 기도해야 됩니다. 낮아지고 또 낮아지고 겸손해야 합니다. 너무나 많은 고통을 참으시고 나를 낳아주셨습니다. 주님의 일을 할 때 겸손하고 낮아져야 합니다.

예수님은 말씀하십니다.

"능력의 예수님을 찬양하는 너는 너의 속에 주의 능력이 임재하느냐? 겸손한다면 사람들은 기도할 때 구체적으로 성령의 인도를 받으면서 기도하고 괴롬이 오는 그 순간에도 주님께 기도하면서 인내하는 것이 성령충만 받는 과정이다. 말씀으로 성령충만, 말씀으로 회개하는 것, 말씀으로 사람을 용납하는 것, 말씀으로 축복하는 것. 이것이 성령충만이다. 주님의 심정을 갖고 하는 것이 성령충만이다."

[예레미야 29:11-13]
11 여호와의 말씀이니라 너희를 향한 나의 생각을 내가 아나니 평안이요 재앙이 아니니라 너희에게 미래와 희망을 주는 것이니라 12 너희가 내게 부르짖으며 내게 와서 기도하면 내가 너희들의 기도를 들을 것이요 13 너희가 온 마음으로 나를 구하면 나를 찾을 것이요 나를 만나리라

예수님은 말씀하십니다.

"모든 사람은 도와주면 댓가를 생각한다. 너는 값없이 거저 주는 자가 되라."

주님. 내 가슴에서 기쁨이 일어나네요. 감사가 일어나네요.

(영적인) 숨을 쉴 수가 있네요.

불이 손과 온몸에 왔지만, 가슴은 냉랭. 불이 붙지 않습니다.
(죄를 깨달음)

영적으로 이렇게 막혀있는 자에게 전하기 위해서 체험을 하게 되었습니다. 죽은 것 같은 심정, 죽을 것 같은 답답함, 체한 것 같은 느낌, 쉴새 없이 몰려오는 답답한 숨. 영적인 고갈이 나를 짓누르고 있을 때 기도도, 약도, 침도, 운동도 찾을 수가 없고 해결할 수 없습니다. 오직 하늘로부터 용서를 받아야 됩니다.

예수님은 말씀하십니다.

예수님 : "귀복아."

지귀복 : "예, 주님."

예수님 : "이제 좀 평안하냐? 내가 너에게 이것을 체험케 한 것은 이렇게 내 백성이 답답한 사람이 많단다. 그것을 이야기하기 위함이다."

지귀복 : "사람들이 이렇게 인내하며 기다리면서 회개를 할까요?"

예수님 : "그래. 나를 사랑하는 자들은 그렇게 한단다. 놓치고 싶지 않단다. 나는 한 사람이라도 영혼의 문을 여는 순간 들어가서 참 평안을 주고 싶단다. 그곳에도 많은 사람이 묶여 있다. 이것을 풀어주고 나를 만나게 해 주거라."

지귀복 : "예, 주님. 제가 어떻게요? 주님?"

예수님 : "네가 느낀 것을 그대로 간증하고 기도하면 내가 시행할 것이다. 너도 지금 의심하느냐?"

지귀복 : "아니요, 주님. 내 모든 것 위에 주님이 계시거늘, 제 맘대로 할 수 있는 게 무엇이 있을까요?"

예수님 : "사람들은 반드시 대가를 바라고 한단다. 그래서 내 마

음에 합한 자가 그리 많지 않단다. 다윗처럼 내 마음에 합한자를 찾고 있지만, 모두 다 이기주의다. 내 능력을 가지고 자기들 맘대로 돈을 벌어드린 자들, 그리고는 주 위해서 산다고. 내가 지켜보고 있다."

주님은 말씀하십니다

예수님은 말씀하십니다.

"사랑하는 딸아, 나는 너의 주님이시다. 네가 애쓰고 힘써서 쓴 책이 이제 나왔구나. 고맙다. 나의 뜻에 따라와 주어서 또한 나의 말에 순종함으로 내가 주는 훈련을 잘 받고 있으니 참 좋구나. 하지만 기도 시간과 말씀 보는 시간이 줄어들어서는 안 되느니라. 또한 책을 또 기록함에 있어서도 게을리하지 말거라. 나의 딸아, 이제는 책을 보내는 일을 하거라. 교회와 각 서점에 넣을 수 있도록."

예수님은 말씀하십니다.

예수님 : "귀복아, 왜 두려워하느냐? 나는 너의 주님이시다. 내가 너를 붙들고 있는데 무엇이 그게 염려가 되고 두렵느냐? 다 내가 알아서 할 것이니 너는 기도하고 말씀만 읽거라. 말은 많이 하지 말고, 침묵을 지키거라. 힘이 빠지면 네가 많이 힘들기 때문에. 사랑하는 내 딸

아, 내가 너를 축복한다. 나는 한시 동안도 너를 떠나지 않을 것이니 결코 염려하지 말거라. 모든 것을 잘하게 될 것이다. 지금은 너가 이런 모습이지만 조만간 놀라운 역사가 일어날 것이고 너의 몸은 너무나 단단하게 강하게 될 것이다. 나의 능력으로... 사랑하는 나의 딸아, 책은 언제 쓸 것이냐? 네가 성전에서 기도할 때 나는 너를 보았다. '나의 신부가 참으로 아름답구나.' 하고. 나의 사랑, 나의 신부야. 사랑한단다. 다른 것에 마음 두지 말고 나만 바라보거라. 영적으로 죄를 범해서는 안 되느니라. 무엇에나 어느 누구에게나 주님의 그 인자함으로만 대하거라. 알겠느냐?"

지귀복 : "예, 주님."

예수님 : "나약한 마음 먹지 말고 기다리라. 인간의 나약한 생각으로 우왕좌왕하지 말거라. 울지 말거라. 내가 하고 있다. 예수 그리스도의 명령이니라."

[요한계시록 1:9~20]

9 나 요한은 너희 형제요 예수의 환난과 나라와 참음에 동참하는 자라 하나님의 말씀과 예수를 증언하였음으로 말미암아 밧모라 하는 섬에 있었더니 10 주의 날에 내가 성령에 감동되어 내 뒤에서 나는 나팔 소리 같은 큰 음성을 들으니 11 이르되 네가 보는 것을 두루마리에 써서 에베소, 서머나, 버가모, 두아디라, 사데, 빌라델비아, 라오디게아 등 일곱 교회에 보내라 하시기로 12 몸을 돌이켜 나에게 말한 음성을 알아 보려고 돌이킬 때에 일곱 금 촛대를 보았는데 13 촛대 사이에 인자 같은 이가 발에 끌리는 옷을 입고 가슴에 금띠를 띠고 14 그의 머리와 털의 희기가 흰 양털 같고 눈 같으며 그의 눈은 불

꽃 같고 15 그의 발은 풀무불에 단련한 빛난 주석 같고 그의 음성은 많은 물 소리와 같으며 16 그의 오른손에 일곱 별이 있고 그의 입에서 좌우에 날선 검이 나오고 그 얼굴은 해가 힘있게 비치는 것 같더라

17 내가 볼 때에 그의 발 앞에 엎드러져 죽은 자 같이 되매 그가 오른손을 내게 얹고 이르시되 두려워하지 말라 나는 처음이요 마지막이니 18 곧 살아 있는 자라 내가 전에 죽었었노라 볼지어다 이제 세세토록 살아 있어 사망과 음부의 열쇠를 가졌노니 19 그러므로 네가 본 것과 지금 있는 일과 장차 될 일을 기록하라 20 네가 본 것은 내 오른손의 일곱 별의 비밀과 또 일곱 금 촛대라 일곱 별은 일곱 교회의 사자요 일곱 촛대는 일곱 교회니라

신랑을 찾는 신부

예수님은 말씀하십니다.

예수님 : "신부는 반드시 신랑이 어디에 계신가를 찾는 것이 맞지 않겠느냐? 많은 나의 자녀들이 무관심 속에 나와의 거리가 멀어져 있음에도 불구하고 그것이 무엇인지를 깨닫지 못하고 살아가고 있다는 것이다. 나를 찾기를 원하지만, 그냥 자기들 편한 대로 살아가고 있구나. 주님이 필요치 않은 것처럼 말이다. 하지만 그것도 잠깐 지나가는 인생 속에 나를 간절히 찾을 날이 오는 것을, 그렇게 무관심 속에 살고 있구나. 어떤 이는 목메이게

부르는 이가 있고, 어떤 이는 슬프게 애타게 찾는 이가 있고, 어떤 이는 그냥 그렇게 덤덤하게 지내는 이도 있구나. 만약에 너라면 나를 어떻게 찾겠느냐?"

지귀복 : "주님, 저는 슬프게, 애타게 찾을 것 같습니다. 나는 주님이 없이는 살아갈 수 없는 존재임을 고백합니다. 나를 불쌍히 여겨주소서. 오늘은 많은 사람을 만나 보았지만, 그곳에 진정 주님의 그 애틋한 사랑은 없다는 것을 알았습니다. 모두가 다 주님의 사랑을 전해 주어야할 뿐이지, 내가 사모하고 사랑하는 주님의 사랑은 내 안에 성령으로 계시는 것을 알았습니다. 주님을 사랑하고 경배합니다. 아멘."

 ## 나의 품으로 돌아와다오

예수님은 말씀하십니다.

예수님 : "귀복아."

지귀복 : "예, 주님."

예수님 : "너도 마음이 평안하고 삶이 편해지면, 나를 사랑하는 마음이 변하지 않을 것이냐?"

지귀복 : "주님, 저 같은 자가 무엇을 알겠어요. 나보다 나를 더 잘 아시는 주님. 다만 저를 불쌍히 여겨주옵소서. 나는 죄인입니다. 주님의 긍휼하심이 없이는 한 치 앞을 바라볼 수 없는 자이오니 주여, 나를 도와주소서."

예수님 : "나는 너를 향해 많은 계획과 축복을 준비하고 있단다. 그러나 그것에 치우치지 말고 더 열심히 나의 일을 하기 원한다. 내가 바라고 생각하는 것은 너를 통해서 나의 뜻을 전하길 원한다. 그 일을 하기 위해서는 더욱 기도를 많이 해야 되고, 네가 항상 깨끗한 심령이 되어야 하고, 정직한 영이 새롭게 되어야 하고, 믿음으로 전진하는 자세가 필요하다."

지귀복 : "주님, 제가 할 수 있을까요? 주님께서 모든 것을 통치하고 계시지만, 저는 너무 답답하고 무지하온데요."

예수님 : "그것이 무슨 문제가 되느냐? 내가 행하고자 하면 다 이룰 수가 있단다. 너는 입술만 열 뿐이다. 네가 가는 곳은 회개의 눈물바다를 이룰 것이다. 그 회개가 온 천지에 울려 퍼지는 것이 나의 뜻이다. 나의 자녀들이 이 회개를 통해서 나의 보혈의 옷을 입기를 원한다."

지귀복 : "나의 주님, 내 사모하는 나의 주님. 주님의 그 크신 사랑하심이 온 우주에 넘쳐나게 하소서. 축복하소서. 어리석은 자를 통해 지혜로운 자를 부끄럽게 하신다는 말씀처럼 저의 어리석음이 주님의 도구가 되게 하소서. 아멘."

독선을 부리는 것은

예수님은 말씀하십니다.

예수님 : "귀복아."

지귀복 : "예, 주님."

예수님 : "이제는 너의 몸은 스스로 기도로 나아야 한다(믿음으로 행하라). 손을 들고 기도해서 너의 손을 통해 치료하거라. 이미 모든 능력은 임하여 있다. 네가 기도할 때 나타날 것이다."

지귀복 : "아멘."

예수님 : "아무리 많은 축복이 와도 이 축복을 가지고 내가 시키는 대로만 하거라."

지귀복 : "예, 주님."

예수님 : "나를 사랑하는 그 마음만 있으면 되느니라. 내가 너에게 바라는 것은 그것뿐이다. 나의 신부야, 나를 항상 인정하고 항상 사모하고 항상 생각하라. 나는 너를 그렇게 사랑한다. 인같이 새기거라."

지귀복 : "예, 주님."

예수님 : "독선을 부리는 것은 크나큰 죄악이니라. 많은 종들이 이 늪에 빠져가고 있다. 순수함을 잃어버리고, 자기 고집과 자기 방식, 아집대로 판단하고 처리하는 일들이 너무나 많다. 그것이 과연 나의 뜻일까 묻고 싶구나."

지귀복 : "주님은 능력이 많으신데 무엇이 필요하겠어요. 우리의 상한 심령을 받으소서."

예수님 : "(회개하는) 그로 인해 자신이 얼마나 많은 고통을 받을 것이라는 것을 모르고 있구나. 지금은 괜찮다고 말들 하겠지. 그러나 그도 겨울이 오면 앙상한 가지만 남아 있을 때 그의 입술에서 고백이 나올 것이야. 내가 좀 더 주님 뜻대로 할 것을, 나의 방식대로 했다고. 그러면 무엇하겠느냐? 그가 뿌린 열매는 이미 맺어져서 나와 있는 것을. 나는 그것을 볼 때 묻고 싶다. 왜 나의 종으로 부름을 받았는데, 이토록 열매가 나와 다른 것이냐고. 그 아름답고 순수한 열매는 다 어디에 갔느냐고 말이다. 그것은 곧 탐심 때문이었다고 말해주고 싶구나. 탐심의 종점은 곧 육신의 고통이니라."

예수님은 말씀하십니다.

예수님 : "귀복아."
지귀복 : "예, 주님."
예수님 : "너는 항상 나에게 물어보고, 결재를 받아야 한다. 너 혼자 결정하지 말고."
지귀복 : "예, 주님."

선교는 어떻게 해야 하나요

지귀복 : "아프리카 선교한 것은 어떻게 해야 하나요?"

예수님 : "그것은 잘했다."

지귀복 : "그런데 계속 그 방법으로만 해야 할지 잘 모르겠습니다."

예수님이 말씀하십니다.

예수님 : "귀복아, 나의 신부야. 내가 너를 사랑한다."

지귀복 : "주님. 저도 주님을 사랑해요."

예수님 : "나의 사랑과 보살핌이 없이는 너는 살아갈 수 없다는 것을 알겠느냐?"

지귀복 : "예, 주님. 저는 너무나 부족하고 나약함을 깨닫습니다. 주님께서 도와주지 않으시면 어떻게 해야 할지 몰라요. 주님. 감사드립니다."

예수님 : "말씀을 가까이 하거라."

지귀복 : "예, 주님."

예수님 : "내가 너를 위해서 행하고 있는 것을 아느냐?"

지귀복 : "예, 주님. 알겠어요. 저는 주님밖에 없어요. 무엇을 어떻게 할지도 모르는 저에게 알게 하시고 깨닫게 하셔서 행하시는 주님, 사랑하고 경배합니다. 아멘."

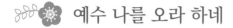 예수 나를 오라 하네

[마태복음 16:24]

이에 예수께서 제자들에게 이르시되 누구든지 나를 따라오려거든 자기를 부인하고 자기 십자가를 지고 나를 따를 것이니라

예수님은 말씀하십니다.

"나를 따라오려거든 자기 십자가를 지고 나를 좇을 것이니라."

예수님 : "귀복아."
지귀복 : "예, 주님."
예수님 : "오늘은 어째 마음이 답답하냐?"
지귀복 : "예, 주님, 어떻게 아셨어요? 나에게 둘러 쌓여 있는 것들을 생각하면 마음이 답답합니다. 주님께서도 말씀하지 않으시니 더 답답합니다."
예수님 : "네가 나를 부르지 않았지 않니?"
지귀복 : "예, 주님. 오늘 계약을 했습니다. 이 모든 것은 주님이 하신 것이지요. 저는 압니다. 너무나 나를 잘 아시는 주님 (저를 이러쿵저러쿵하지 않게 해주세요). 목사님께서 또 다른 곳으로 가야 한답니다. 너무나 힘든 시간인데 여기저기로 옮겨 가야 하니 정말 답답합니다. 입술의 말이 얼마나 중요한지 알게 하신 주님. 내 입의 말에 대해서 책임을 져야 하는 이 말! 진실한 믿음을

갖게 하시고 저를 용서해 주세요. 주님의 그 자비하심
으로 인도해 주세요."

예수님 : "어찌해서 마음이 약해진 것이냐?"

지귀복 : "주님이 말씀을 안 하시니까요."

예수님 : "사람에게 위로를 받으려고 하지 말거라. 오직 너는 나
에게 위로를 받아야 하고, 내가 명령한 것을 행하여야
한다. 알겠느냐?"

예수님은 말씀하십니다.

예수님 : "귀복아."

지귀복 : "예, 주님. 사랑해요. 나의 주님 경배합니다. 주여, 나
같은 것을 어디에 쓰시려고 은혜를 주시나이까? 이 천
한 죄인을 살리신 주님. 아무것도 할 줄 모르는 이 작
은 자를 어디에 쓰시려고 부르시나이까? 아버지 나의
아버지, 나의 아버지. 나의 아버지. 사랑하고 경배합
니다."

[잠언 8:17]

나를 사랑하는 자들이 나의 사랑을 입으며
나를 간절히 찾는 자가 나를 만날 것이니라

예수님 : "너는 나의 신부이니라. 주님의 신부는 신부다워야지.
좌로나 우로나 치우치지 말고, 오직 주님 말씀에 귀를
기울이거라."

지귀복 : "예, 주님."

예수님 : "(어찌 너는 그리도 마음이 약한 것이냐?) 아기 같은 마음이로구나. 그래서 내가 너를 좋아하느니라. 숨김없는 순수함을 항상 유지하거라. 변질되지 말고, 항상 어린아이와 같은 순수함을 갖거라. 그 마음은 곧 나의 마음이니라. (독하고, 악하고, 시기 나는 마음은 NO!) 성령께서 역사할 수가 없느니라. 온유하고 순수하고 깨끗한 맘으로 행할 때 성령께서 역사하느니라. 인생에 살아온 삶 가운데 그러한 순수함을 지니고 살아가는 사람들은 찾아보기 어려운 이 시대, 모두 다 변질시키는 일들 뿐이고 그것이 당연하듯이 행하면서 살아가고 있단다. 인간의 진정한 행복은 주님 안에 있는데, 그것을 찾으려고 하지 않고 우선 눈에 보이는 것들에 관심을 갖고 그것을 갈망하며 살아가는구나. 좀 더 주님을 진지하게 사랑하고 찾고 두드린다면 주님의 크신 은혜를 내려주실 것인데."

지귀복 : "말 많은 사람들 속에 계시는 말씀 없으신 주님, 얼마나 답답하시겠어요."

 나에게 주신 말씀

예수님은 말씀하십니다.

"내가 너에게 많은 그 일을 겪게 한 것은, 많은 사람들이 그로 인해 넘어졌기 때문에 그것을 거울삼아 어떠한 유혹에도 넘어지지 않게 하기 위함이라. 너와 같이 은혜를 받은 자가 고백해야 할 것은 '항상 이 세상에서 나는 가장 작은 자이고, 연약한 자.' 라는 마음을 갖고 사람을 섬기는 자세가 중요하다.

주님의 싸인이 떨어지면 즉각 행하는 믿음, 영혼을 사랑하고 살려내는 믿음. 이것은 주님 오실 때까지 전진할 것이다.

주의 일을 하면서 기쁨으로 영혼을 대할 때 소망으로, 희망으로 나의 능력은 한없이 내리는 것이니 자제하지 말고 사용하라. 자제하는 순간 멈춘다는 사실이다.

손을 얹을 때 – 방언, 성령충만, 치료, 신유, 기쁨

영적 회복 – 주의 성령께서 일하시네

모든 것은 결국 주님의 능력으로 이루어진다는 것이다.

너는 들풀이잖니? 때로는 밟고, 뜯고, 침 뱉고, 깔고 앉기도 하지, 나도 그 길을 걸어갔다. 나의 제자들은 모두 다 그 길을 걷는 것이다. 하지만 내가 다 이루어 놓은 것을 주님의 능력으로 가는 것이다.

저 죽어가는 영혼들의 외침을 너는 듣느냐? 나의 가슴은 찢어진단다. 지옥을 향해 가는 나의 백성들의 외침을 너는 듣느냐? 귀를 막고 사는 것이냐? 왜 들리지 않는 것이냐? 나는 슬프다. 왜 너희는 슬프지 않느냐? 그 누구도 그 일을 하려고 나서지를

않는다는 것이다. 모두 다 편안함과 안일함을 추구하고 있다는 것이지. 그 누가 나의 십자가를 질 수 있단 말이냐? 너희들은 나를 외면하려느냐?

지금은 하루 중에 나를 향한 시간이 3분의 2를 차지할 때다. 이미 내가 갈 기약이 가까이 왔고, 내가 타고 갈 백마가 준비되고 있다. 세월을 아끼라. 믿음에 굳게 서서 강하고 담대하게 나의 복음을 외치라. 이 복음을 전하지 않는 자는 반드시 그 손에서 그의 핏값을 찾으리라."

예수님은 말씀하십니다.

예수님 : "귀복아."
지귀복 : "예, 주님."
예수님 : "먼저는 항상 나의 일(기도, 말씀, 찬양, 전도)에 집중하고, 그다음 일을 보는 것이 중요하다."
지귀복 : "예, 주님. 모든 것을 주님께 맡깁니다."

 ## 믿음의 표적이 따르게 하소서

[마가복음 16:17-18]
17 믿는 자들에게는 이런 표적이 따르리니 곧 그들이 내 이름으로 귀신을 쫓아내며 새 방언을 말하며 18 뱀을 집어올리며 무슨 독을 마

실지라도 해를 받지 아니하며 병든 사람에게 손을 얹은즉 나으리라
하시더라

'주님. 나는 힘이 없고 비천하므로 나를 향하신 주님의 그 은혜
와 사랑으로 간절히 고백하오니 나를 치러 오는 사단의 입을 막
으소서. 벙어리가 되게 하시고 다시는 나에게 사단이 입을 벌리
지 않게 하소서. 나의 주님, 내가 주님 앞에 나아갈 수 있는 기
사와 표적이 따르게 하소서. 종이 영원히 주를 송축하게 하소
서. 아멘.'

예수님은 말씀하십니다.

예수님 : "귀복아."
지귀복 : "예, 주님."
예수님 : "나는 너를 항상 사랑한단다. 네 마음이 항상 우울하
고 슬픔 속에 불안해 하고 있을 때에도 너를 보았단다.
그러니 항상 기뻐하면서 나를 찾거라. 나는 기쁨이니
라. 알겠느냐?"
지귀복 : "예, 주님. 주님, 사랑합니다."
예수님 : "그래, 나는 너를 사랑한단다."
지귀복 : "주님, 나의 마음과 영혼과 육신을 치료하여 주시고 새
힘을 주소서. 주님, 나는 너무나 억울하고 분합니다.
마귀를 때려잡을 수 있는 능력을 주옵소서. 마귀가 나
를 끌고 다니면서 죄를 범하게 만들었습니다. 속고 살
았습니다."

예수님은 말씀하십니다.

"복음을 전하러 나갈 때 능력이 임한단다."

회개할 때 세탁기 같은 큰 통이 나타납니다.

나의 죄를 하나하나 고백할 때 그 통이 돌아가고 그곳으로 죄가 빨려 들어가고 계속 돌아갑니다. 맨 나중에는 성령의 불로 태웁니다.

주님께서 모든 것을 통치하심을 찬양합니다.

평온한 가운데 임하시는 성령님.

예수님은 말씀하십니다.

예수님 : "사랑하는 딸아, 내가 네게 말했지 않니? 너는 내가 보낸 곳에 가서 나의 보혈을 외칠 것이라고... 믿고 기다리거라. 또한 두 번째 책도 잘 나오게 할 것이다. 마음을 강하게 하거라. 지금 너는 주님의 훈련을 받고 있는 나의 여종이니라. 그 누구보다 용맹스럽게 나의 보혈의 피를 외치거라. 많은 영혼들이 깨어날 것이다. 사랑하는 나의 딸아, 내가 너를 사랑하노라. 두려워하지 말고, 믿기만 해라. 네가 기도한 것처럼, 앗수르왕 산헤립의 군대가 예루살렘을 에워쌌으나 하나님께서 물리치신 것처럼 하나님께서 밤사이 너의 앞길을 방해하는 사단들을 결박했다. 예수님의 이름으로 묶으라."

지귀복 : "주님, 천국에서는 무엇을 하며 살까요?"

예수님 : "저마다 일이 있느니라. 지난 죄를 회개하라. 빨리 정

리하라. 영적인 혼돈이 올 때 악한 영들이 마지막 발악하며 나가는구나. 모두가 다 너의 죄다. 성령의 기름부음이 임하니 밖에 나가지 않았으면 좋겠다. 육신의 것을 버려야 한다."

지귀복 : "예, 주님."

주님과 맺은 언약은 몸 구조를 새롭게 함.
나는 할 수 없음. 성령의 도구가 됨.
감추어진 죄를 깨닫고 회개. 성령의 바람이 불어와 주옵소서. 말씀과 성령으로 힘을 얻자.

[요한계시록 3:20]
볼지어다 내가 문 밖에 서서 두드리노니 누구든지 내 음성을 듣고 문을 열면 내가 그에게로 들어가 그와 더불어 먹고 그는 나와 더불어 먹으리라

예수님은 말씀하십니다.

"너는 내가 택한 나의 여종이니라. 나아가서 담대하게 나의 보혈을 외치게 될 것이고, 모든 것은 주님이 다 알아서 역사하게 될 것이고, 성령께서 너를 이끌어 줄 것이다.

사랑하는 나의 신부야. 믿음을 갖고 옹졸하게 생각하지 말고, 담대함을 갖거라. 나를 위해 일해야 할 네가 어찌 그리 나약한 마음을 먹는 것이냐? 나는 너를 항상 지켜보고 있느니라. 너를 위해 천사를 파송했노라. 늘 네 곁에서 너를 보호하고 있느니라.

내가 너를 이끌어 줄 때 해결될 것이다."

 한 끼 금식

예수님은 말씀하십니다.

"너는 오직 주님의 음성에 귀를 기울이거라. 인간의 소리에 귀를 기울이지 말고. 주님은 어떻게 하실 것인가? 내가 거룩하니 너희도 거룩하라."

성령과 함께 교통하는 삶을 살아야 합니다.

예수님은 말씀하십니다.

예수님 : "말씀을 가까이하고, 마음속에서부터 마귀를 몰아내라."

지귀복 : "나를 치료하신 하나님 감사드립니다."

예수님 : "너의 입술을 통해서 역사와 기적이 일어나려면, 준비하는 과정 속에서 그러한 모습들이 다듬어져 가야 하느니라. 앞으로 남은 시간에 책을 쓸 것인데, 너의 몸과 마음과 영적인 것이 단련이 되어야 하기 때문에 하루에 한 끼로서 주님께 나아가는 것이다. 질서 없이 음식을 탐하면 금방 비대해지고 여러 가지가 힘이 들게 되느니라. 알겠느냐?"

지귀복 : "예, 주님."

예수님 : "내 사랑 귀복아, 나의 신부야. 나는 너의 주님이시다. 염려를 다 내게 맡기어라. 너는 오직 나만 바라보고 와야 하느니라."

지귀복 : "예, 주님. 저는 잘 몰라요. 주님만 바라볼게요. 주님 사랑합니다. 나의 주님 경배드립니다. 나를 살리신 주님. 오직 예수. 오직 말씀."

 ## 너는 답답함을 느끼느냐?

예수님은 말씀하십니다.

예수님 : "너는 내가 빛을 비추어주지 않으면 아무것도 할 수 없다는 것을 알겠느냐? 그러니 너는 나의 말을 들어야 하느니라. 사랑하는 나의 딸아, 네 마음이, 네 심령이 근심 아닌 근심을 하였구나. 이제 기쁨이 넘칠지어다. 나의 사랑 나의 신부야, 내가 너를 사랑하노라."

지귀복 : "주님 감사드려요. 나를 불쌍히 여기시는 주님 감사드려요."

예수님 : "귀복아."

지귀복 : "예."

예수님 : "너는 나의 사랑이 식었느냐?"

지귀복 : "주님 사랑합니다."

예수님 : "그럼 어찌 찬양을 안 하는 것이냐? 그 누구의 음성도

대신 찬양하는 것이 아니고, 너의 목소리로 찬양을 올
리거라. 너의 찬양을 받기를 원하노라."

지귀복 : "주님, 이 죄인을 용서해 주세요."

예수님 : "온전히 너의 성격을 십자가에 못 박으라. 겸손과 온유
와 사랑을 가지라. (이번 주에는) 기도, 기름부음, 말
씀, 방언 기도(말 적게) 하라."

우리가 나를 비우고, 나를 붙들고 있는 탐심, 악함, 모든 것을
내려놓아야 주의 일을 할 수가 있습니다. 이것을 깨닫게 하소
서. 내가 깨어지지 않고서는 누구를 살릴 수가 없습니다. 나의
경험, 나의 감정, 나의 방식 NO! 오직 주의 말씀의 능력으로 세
우소서.

아버지, 이곳에서 떠날 때는 영적으로 완전히 거듭날 때 떠나
게 하시고, 다른 곳에 가서 영적인 혼란이 없게 하소서. (모든 영
적 준비가 되게 하소서.)

예수님은 말씀하십니다.

예수님 : "영적으로 너와 같이 답답한 자에게 말씀을 선포하고
진심으로 기도하고 만들어가라. 그리하면 성령이 역
사하리라. 내가 너에게 능력을 줄 것이다. 전심을 다해
서 선포하라. 사랑하는 딸 귀복아, 너는 결코 나의 잊
음이 되지 않을 것이고, 이 땅에 있는 동안 나와 항상
함께 동행하게 될 것이다. 이것은 내가 천국에서 너에
게 무지개 드레스를 입고 경배할 때 약속한 것이다. 그

러니 마음을 평안히 갖거라. 모든 것은 다 내가 나아가
는 길에 필요한 연단이니라. 알겠느냐?"

지귀복 : "예, 주님. 감사드립니다. 한 주 동안 한 끼 금식 모아
서 주일에 올려드립니다."

[이사야 58:6~7]

6 내가 기뻐하는 금식은 흉악의 결박을 풀어 주며 멍에의 줄을 끌러
주며 압제 당하는 자를 자유하게 하며 모든 멍에를 꺾는 것이 아니겠
느냐 7 또 주린 자에게 네 양식을 나누어 주며 유리하는 빈민을 집에
들이며 헐벗은 자를 보면 입히며 또 네 골육을 피하여 스스로 숨지 아
니하는 것이 아니겠느냐

 나의 피를 외치라

예수님은 말씀하십니다.

"네가 잠을 자고 기도하지 않아서 내가 너의 사랑하는 딸의 모
습을 통해서 깨닫게 했느니라. 염려하지 말거라. 그가 지금은 영
적 잠을 자는 것은 사실이다. 그러나 내가 지켜주고 있느니라.
사랑하는 딸아, 내가 바라보는 나의 백성들도 이와 똑같은 심령
이란다. 한 사람이 마귀에게 끌려갈 때 나의 심령이 이렇게 통곡
한단다. 나는 그 영혼을 위해서 물과 피를 흘렸는데 어떠하겠느
냐? 네가 이러한 마음으로 가서 나의 피를 외치라(나는 너희의

희생양이 되었느니라)."

[마태복음 5:24]

예물을 제단 앞에 두고 먼저 가서 형제와 화목하고 그 후에 와서 예물을 드리라

예수님은 말씀하십니다.

"자녀가 우상이 되어서는 안 된다."

예수님께서 말씀하십니다.

"너의 마음과 너의 생각을 항상 주님인 나에게 드려야 한다. 올바른 판단을 하고, 좌로나 우로나 치우치지 말거라."

[에베소서 2:5]

허물로 죽은 우리를 그리스도와 함께 살리셨고
(너희는 은혜로 구원을 받은 것이라)

[에베소서 1:7]

우리는 그리스도 안에서 그의 은혜의 풍성함을 따라
그의 피로 말미암아 속량 곧 죄 사함을 받았느니라

예수님 : "앞에 나가서 떨린다고 하는 것은 사치니라.
나의 피를 생각하면 이를 악물고 외쳐야 한다."
지귀복 : "예, 주님."

[히브리서 9:27]

한 번 죽는 것은 사람에게 정해진 것이요
그 후에는 심판이 있으리니

[말라기 4:1~6]

1 만군의 여호와가 이르노라 보라 용광로 불 같은 날이 이르리니 교만한 자와 악을 행하는 자는 다 지푸라기 같을 것이라 그 이르는 날에 그들을 살라 그 뿌리와 가지를 남기지 아니할 것이로되 2 내 이름을 경외하는 너희에게는 공의로운 해가 떠올라서 치료하는 광선을 비추리니 너희가 나가서 외양간에서 나온 송아지 같이 뛰리라 3 또 너희가 악인을 밟을 것이니 그들이 내가 정한 날에 너희 발바닥 밑에 재와 같으리라 만군의 여호와의 말이니라 4 너희는 내가 호렙에서 온 이스라엘을 위하여 내 종 모세에게 명령한 법 곧 율례와 법도를 기억하라 5 보라 여호와의 크고 두려운 날이 이르기 전에 내가 선지자 엘리야를 너희에게 보내리니 6 그가 아버지의 마음을 자녀에게로 돌이키게 하고 자녀들의 마음을 그들의 아버지에게로 돌이키게 하리라 돌이키지 아니하면 두렵건대 내가 와서 저주로 그 땅을 칠까 하노라 하시니라

저는 주님의 은혜가 없이는 살 수가 없습니다

잠시나마 주님을 제1순위에 올려드린 것을 망각했습니다. 용서하소서. 오늘도 나에게 깨달음을 주신 주님을 찬양합니다. 기쁩니다. 감사합니다. 희망에 거합니다. 나를 이끄시는 주님, 감

사와 찬양을 드립니다.

예수님은 말씀하십니다.

예수님 : "너의 나아가는 발걸음이 아름답도다. 믿음으로 행진하고 항상 나를 떠나서는 아무것도 할 수 없다는 것을 깨달으라. 어째 내가 말하지 않으니 깜깜하냐? 기쁘지가 않더냐? 답답하냐? 오늘 다시 회복시켰으니 나를 잃어버리지 말거라."

지귀복 : "아멘. 어리석은 염려와 근심으로 좌로나 우로나 치우쳤던 저를 용서해 주세요. 항상 주님 주신 기쁨 잃지 않게 하소서. 아멘."

예수님 : "귀복아, 나는 너의 주님이시다. 네가 좀 더 부지런하고 열심을 품었으면 좋겠구나. 내가 너와 항상 함께 하지 않니? 나를 사랑하는 자는 나의 말을 듣느니라. 그래야 내가 네게 지시하고 그것을 실천할 수 있다. 알겠느냐?"

지귀복 : "예, 주님. 사랑합니다."

예수님 : "내가 너를 일으켜 세울 것이다. 성령으로 회개 역사가 일어나리니."

 경배

예수님은 말씀하십니다.

"나는 너의 경배를 받기 원하노라. 그러나 나에게 경배하지 않는 것은 어찜이뇨? 나의 사랑, 나의 신부야. 나는 곧 그니, 나는 태초니라. 나에게 경배하라. 나는 그니, 나는 태초니라. 너의 하나님이시라."

"에브리데이(every day) 매일매일 그렇게 조리있게 기도하면서 주님의 뜻을 담아 말하는 자 되거라. 영혼 구원 분명하게 집착해서 기도할 것(새벽에)."

기도의 힘이 들 때 성령께서 깨닫게 하십니다.

예수님 : "너의 마음 가운데 성령의 전으로 주님께서 계시는데 짜증, 믿음 없는 말과 신경질적으로 함부로 하는 행위 이러한 것들은 주님을 함부로 하는 행위다. 그로 인해서 영과 눈과 귀가 가리어지는 것이다. 개인적인 것은 다른 것과는 상관이 없음. 이러한 행위를 삼가는 것은 너의 기도가 막히지 않기 위함이다."

지귀복 : "아버지여, 깨닫게 하여 주시니 감사를 드립니다. 매일매일 주님의 보혈을 의지하는 삶. 가면 갈수록 부족한 것뿐이요. 성령의 조명하심을 받아 칠흑 같은 어두운 터널을 걸어가게 하소서. 성령님 조명하시고 인도

하셔서 나의 영적인 삶에 주님의 빛을 말씀의 기름 부음으로 환하게 비추소서. 나는 할 수 없으나 주님이 나를 세워주시니 나를 할 수 있게 만드시는 주님, 주님을 찬양합니다. 나의 교만한 죄를 회개합니다. 용서하소서. 참으로 어리석은 죄인입니다. 주님의 평안이 기도할 때, 말씀 볼 때, 어느 때이든지. 쫓기는 마음을 들게 한 것, 마귀를 묶으라. 나를 재촉하고 쫓기게 하는 악한 마귀, 나를 주관하려는 마귀 사단아! 주님의 이름으로 묶임을 받고 떠나가라!"

예수님 : "말 절제하고 탐심을 절제하라.

교만하면 육신이 살아나느니라. 나를 우선순위에 두지 않으면 교만이 오는 것이다."

지귀복 : "주님은 나의 왕이십니다. 만왕의 왕이시고, 만주의 주가 되십니다. 주님을 찬양합니다."

 이제 나아갈 것이다

나의 하나님. 나의 하나님.

아버지는 전능하시고, 거룩하시고, 사랑이 한이 없으신 아버지 하나님. 살아계셔서 지금도 나의 기도를 들으시고, 나의 경배를 받으소서. 나를 기도할 수 있게, 회개할 수 있게 깨닫게 하시고 섭리하시는 성령님 경배를 받으소서.

할렐루야! 주님 감사드립니다. 항상 깨닫게 하셔서 주님과의 담이 생기지 않게 도와주세요. 아멘.

[이사야 53:6]
우리는 다 양 같아서 그릇 행하여 각기 제 길로 갔거늘 여호와께서는
우리 모두의 죄악을 그에게 담당시키셨도다

예수님은 말씀하십니다.

예수님 : "그렇게 나태해서 무엇을 하겠느냐? 여전히 육신의 일에 바쁘구나. 노벰벌(November, 11월) 네가 이제 나아갈 것이라고 준비하라고 했지 않니? 너의 안일하고 나태함 때문에 많은 영혼이 지옥을 향해서 가고 있다는 것을 알지 못하느냐? 이 일이 결코 작은 일이 아닌 것을 너는 알지 못하느냐?"
지귀복 : "주님, 용서하소서."
예수님 : "꿈에 너의 아버지의 모습이 보이지 않더냐? 그 영혼과 같은 자들이 얼마나 많은고? 그 불 속에서 고통받는 모습을 보고 온 네가 저 죽어가는 영혼을 위해서 복음을 전해야 한다. 그것이 그리도 어려운 것이냐? 나는 너에게 끊임없이 사명을 주고 있지만, 너는 육신의 분주함으로 귀가 가리어져 듣지 못하고 있단다. 나는 결코 너를 붙들고 있다. 마귀의 속삭임에 두려워하지 말거라. 나는 너를 반드시 축복할 것이다. 나는 너

를 반드시 쓰임 받는 나의 종으로 사용할 것이다. 나의 명령을 받드는 문지기처럼 대기하고 있는 자세가 중요하니라."

 ## 너를 낮추거라

예수님은 말씀하십니다.

예수님 : "너를 낮추거라. 지금은 같이 가는 것 같으나, 조만간에 엄청난 차이가 난다는 것을 깨달을 것이다."

지귀복 : "주님의 뜻대로 인도하여 주옵소서. 그동안에 경배하지 못한 것까지 방언으로 아버지 하나님 주님, 성령님, 나의 경배를 받으시기에 합당하신 아버지 하나님, 감사와 경배를 올립니다. 나의 주님, 나의 주님. 나를 위해 피 흘리신 나의 주님 경배를 받으소서. 나의 성령님, 나의 성령님 경배를 받으소서."

 ## 하나님 아버지의 사랑

예수님은 말씀하십니다.

예수님 : "나의 백성아, 나의 백성이로구나. 나의 독생자를 보

내어서 피를 흘려 얻은 나의 백성이로구나. 사랑한다.
사랑한다."

지귀복 : "어둠의 세력은 예수님의 이름으로 떠나가라! 사랑하
는 예수님."

[요한복음 15:1~8]

1 나는 참포도나무요 내 아버지는 농부라 2 무릇 내게 붙어 있어 열
매를 맺지 아니하는 가지는 아버지께서 그것을 제거해 버리시고 무
릇 열매를 맺는 가지는 더 열매를 맺게 하려 하여 그것을 깨끗하게 하
시느니라 3 너희는 내가 일러준 말로 이미 깨끗하여졌으니 4 내 안
에 거하라 나도 너희 안에 거하리라 가지가 포도나무에 붙어 있지 아
니하면 스스로 열매를 맺을 수 없음 같이 너희도 내 안에 있지 아니
하면 그러하리라 5 나는 포도나무요 너희는 가지라 그가 내 안에, 내
가 그 안에 거하면 사람이 열매를 많이 맺나니 나를 떠나서는 너희가
아무 것도 할 수 없음이라 6 사람이 내 안에 거하지 아니하면 가지처
럼 밖에 버려져 마르나니 사람들이 그것을 모아다가 불에 던져 사르
느니라 7 너희가 내 안에 거하고 내 말이 너희 안에 거하면 무엇이든
지 원하는 대로 구하라 그리하면 이루리라 8 너희가 열매를 많이 맺
으면 내 아버지께서 영광을 받으실 것이요 너희는 내 제자가 되리라

예수님은 말씀하십니다.

예수님 : "말씀이 곧 나의 몸이니라. 말씀을 나의 품에 안기듯이
사랑하거라. 오직 너는 나의 말에 귀를 기울어야 되고,
그 누구와도 계속적으로 불필요한 이야기는 해서는 안
되느니라. 나를 잃어버리기 때문이다. 순간순간 나의
말을 들어야 하고, 순간순간 나의 뜻을 행하여만 하고,

순간순간 나에게 기도를 해야 하고, 순간순간 나의 말씀을 읽어 품에 안아야 하느니라. 알겠느냐?"

지귀복 : "예, 주님."

예수님 : "나의 사랑하는 딸 귀복아, 나의 신부야, 내가 너를 축복하고 사랑하노라. 나는 너를 강하게 쓸 것이다. 너는 나의 뜻을 가지고 나아가게 하는 일을 하고 있느니라. 너는 용맹스럽게 나의 뜻을 행할지어다. 알겠느냐?"

지귀복 : "예, 주님."

예수님 : "나는 너의 주님이시라. 나는 너를 위해서 십자가를 졌다. 나는 너를 위해서 부활을 했고, 나는 너를 위해서 모든 것을 준비하고 있으며, 나는 너를 위해서 나아갈 수 있도록 준비시키고 있는 너의 주님이시다. 그 이름 예수 그리스도."

사랑하는 성령님

예수님 : "나는 너를 이끄는 성령이시다. 나는 너를 예수님의 심령으로 이끌고 있다. 어디로 나아가야 할지 방향을 제시하고 있고, 강하게 성령의 담력을 가지고 나아갈 수 있게 준비하고 있느니라. 나는 오직 예수 그리스도의 피를 외치는 너를 도와서 온 세상에 그 복음을 전할 것이다."

지귀복 : "나의 생명 되신 주님, 나의 성령님 찬양합니다. 경배합니다. 온 우주의 하늘과 하늘들도 창조하신 아버지 하나님, 경배 경배 경배드립니다. 아버지, 나의 아버지 사랑합니다. 예수님을 이 땅에 보내주셔서 지옥 가

지 않게, 회개할 수 있게 하셔서 정말 감사 드립니다. 아버지 하나님."

나는 너의 찬양을 받고 싶구나

너무나도 거룩하신 하나님 경배를 받으소서. 할렐루야! 어리석은 이 죄인을, 천한 이 죄인을 살리신 아버지 하나님 감사합니다.

예수님은 말씀하십니다.

예수님 : "나는 너의 찬양을 받고 싶구나. 날마다. 에브리 데이. 나는 말이다. 너가 너무 좋단다. 얼마나 좋은지 아느냐? 정말 좋단다. 나는 찬양하는 너를 볼 때 너무 사랑스럽단다."

지귀복 : "아버지 천한 저를 그렇게 사랑해주셔서 감사드리고, 저를 치료해 주셔서 정말 감사드려요."

예수님 : "그래, 내가 너를 치료했지. 이 세상 그 누가 너를 치료할 수 있겠느냐? 인간은 치료를 복잡하게 째고 가르고 꿰매고 하지만, 나는 여호와 라파 치료하는 하나님이란다. 나는 너에게 다른 이들, 병든 자를 위해 기도할 때 치료되는 역사가 일어나는 능력을 주었느니라. 이제 사용 되어질 것이다."

지귀복 : "예."

예수님 : "조만간 그 누군가가 너에게 기도를 해줄 수 있겠느냐고 묻는다면 그 영혼을 위해서 그 병을 놓고 기도할 때 너의 하나님, 여호와 라파의 하나님께서 주 예수의 이름으로 치료할 것이다. 주의 보혈을 외쳐라. 알겠느냐?"

지귀복 : "예, 주님. 감사드립니다."

예수님 : "너는 말할 줄 모른다고 하지 말거라. 너의 입에서 나간 말은 곧 능력이요, 역사인 기적이 될 것이다."

지귀복 : "할렐루야! 아멘."

예수님 : "모두가 놀라는 역사가 조만간 이루어질 것이다. 너도 알고 있겠지? 그 일을 시작할 것이다. 내가 너의 주님인 성령으로 행할 것인즉 너는 대기하거라. 알겠느냐?"

지귀복 : "예수님, 저는 문지기입니다. 말씀만 하옵소서."

예수님 : "너의 주님은 얼마나 바쁘게 움직이는지 아느냐? 너가 게으르고 너가 나태하다면, 어떻게 주님께서 너를 사용하시겠느냐? 나의 신부야, 어서 빨리 깨워라. 기름 준비할 수 있게 말이다. 너의 시처럼 수평선 저 너머에 너의 집이 있지 않니? 무엇이 두렵느냐? 깨워라. 어서 빨리(항상 기도 준비)!"

주님을 사모합니다

예수님은 말씀하십니다.

예수님 : "귀복아."

지귀복 : "예, 주님."

예수님 : "이전에는 너가 사람을 사모하며 살았으나, 이제는 계절이 바뀌면 일어나는 마음을 이제는 주님께 드리거라. 그토록 주님을 사모하거라. 고백하여라. 시를 쓰거라." "나의 마음이 어떠한 심정인지 아느냐? 마치 이슬비에 옷을 적심 같고 구름이 끼어 있는 어두운 날씨와도 같단다. 그들을 향해 이미 화살이 당겨져 날아가고 있구나." "방언으로 기도할 때. 성령의 기름 부음이 임할 것이다. 속에 있는 마귀를 몰아내라. 마귀를 대적하고 반드시 너를 점검하고 회개 기도해야 할 것이다. 맑은 영, 머리 치료, 병마 묶음, 미움, 시기, 질투, 악한 것 회개하라. 삼위일체 하나님께 경배와 찬양을 올려라. 너의 주관대로 살아가고 있구나. 주님 중심. 주님의 심정. 영혼을 불쌍히 여기는 심정으로, 하루라도 그 영혼을 위해서 기도할 수 있다면 좋겠구나."

[시편 119:54]

내가 나그네 된 집에서 주의 율례들이 나의 노래가 되었나이다 예수님은 말씀하십니다.

예수님 : "모든 것에는 절제하는 습관이 필요하다. 말에나 일에나.. 화살은 이미 과녁을 향해 날아가고 있다. 딸아, 그들이 어려운 일이 생길 때는 너는 도와야 한다."

지귀복 : "예, 주님 잘 알겠습니다."

예수님 : "딸아, 나의 사랑하는 딸, 귀복아. 너가 나를 만날 날이 또 가까이 오고 있다."

[시편 91:1~7]

1 지존자의 은밀한 곳에 거주하며 전능자의 그늘 아래에 사는 자여, 2 나는 여호와를 향하여 말하기를 그는 나의 피난처요 나의 요새요 내가 의뢰하는 하나님이라 하리니 3 이는 그가 너를 새 사냥꾼의 올무에서와 심한 전염병에서 건지실 것임이로다 4 그가 너를 그의 깃으로 덮으시리니 네가 그의 날개 아래에 피하리로다 그의 진실함은 방패와 손 방패가 되시나니 5 너는 밤에 찾아오는 공포와 낮에 날아드는 화살과 6 어두울 때 퍼지는 전염병과 밝을 때 닥쳐오는 재앙을 두려워하지 아니하리로다 7 천 명이 네 왼쪽에서, 만 명이 네 오른쪽에서 엎드러지나 이 재앙이 네게 가까이 하지 못하리로다

말씀이 중심이 되어야 합니다. 예수님의 피. 예수님의 자녀된 권세, 하나님 아버지의 자녀된 권세. 나는 힘이 없지만, 모든 문제와 모든 염려가 말씀이 중심이 될 때 흔들리지 않고 그것들은 아무것도 아니게 되는 것이고 말씀이 나의 마음 판에서 솟아납니다. 복음으로 말씀이 나아가는 길에는 성령이 계시기에 아무것도 염려할 것이 없습니다. 주님의 거룩한 뜻을 품게 하소서.

 우산

예수님은 말씀하십니다.

"너는 가는 곳마다 회개를 외치고, 말할 때 보혈을 외쳐라. 심령을 깨끗케 해야 한다. 뒤집어지는 역사가 일어나리라."
(회개는 곧 능력이고, 보혈은 빛이고 주님이십니다.)

햇볕이 쪼일 때 우산을 가지고 돌아다니다가 다시 비가 오면 우산이 없어 비를 맞고 다닙니다. 주님은 그래도 우산이 되어주시겠다고 말씀하십니다.

이것은 마치 우리가 살아가고 있는 이 땅의 삶과 같습니다. 평안할 때는 주님을 찾는 일에 게으르고 나태하다, 환란과 풍파가 몰려오면 그때 주님을 찾습니다. 사랑 많으신 주님께서는 우리를 만나주십니다. 하지만 주님을 찾지 않는 사람은 아주 위험한 모험을 하고 있는 것입니다.

기도의 줄을 놓치면 복음을 전할 수도 없고, 영적 침체가 오게 되면 자기중심의 삶으로 변하게 됩니다, 내가 말할 수 있는 것, 나의 감정 의지까지도 주님께서 주관하시기를 원해야 합니다. 가을에 은행잎이 떨어질 때도 우리는 계절의 아름다움에 감탄을 합니다. "이 아름다운 낙엽을 창조하신 하나님! 기쁨입니다." 라고 고백하기를 원하십니다. 그러나 인간은 다른 사람을 주관하려고 하고 자기중심으로 이끌려고 하지만, 주님은 나의 모든 지·정·의 전인격적인 삶을 개입하시기를 원하시고, 구체적으로 대화를 하기 원하시고, 성령 하나님을 통해서 나를 이끌어가시고자 합니다.

우리는 주님 보혈의 피로 정결함을 받은 신부입니다. 신부가 안 된 자, 보혈의 피가 없는 자는 고통의 동굴로 들어가게 됩니다. 누가 가라고 해서 가는 것이 아닌, 자기 스스로 마귀에게 끌려갑니다. "나는 주님의 정결한 신부입니다." 고백합시다. "주님은 나의 주인이십니다." 지금까지 이 순간까지 주님 앞에 바르지 못한 태도로 주님을 찾는 일에 게으르고 나태한 것 회개하시고 성령님을 모셔 들입시다. 주님은 여러분의 심령 속에 보혈의 피로 임하십니다.

마귀는 예수님의 보혈이 없는 자를 찾아다닙니다. 주님의 보혈의 강은 지금도 흐르고 있습니다. 강물이 아무리 넘실대도 그 물속에 뛰어들지 않는다면 수영은 할 수가 없습니다. 지금, 예수님의 보혈의 강물 속으로 뛰어들어 갑시다. 그 보혈은 나의 모든 얽매인 것들로부터 자유케 하십니다.

🌸 하나님의 나라

예수님은 말씀하십니다.

예수님 : "나를 진정으로 사랑하는 것은 너의 고통 속에서 나에게 고백하는 것이다. 좌절하고 낙심하는 것이 아니라, 그곳에서 '나의 주님 사랑합니다'라고 고백하는 것이다. 너의 믿음을 보리라. 항상 나를 진정 기쁘게 하는 것이 무엇인지 아느냐? 네가 가장 힘들 때 '주님 사랑합니다. 주님은 나의 죄 때문에 얼마나 아프셨나요? 나의 이 고통에 비하겠습니까? 나의 주님 사랑합니다. 이 무지한 죄인을 용서하소서.' 이렇게 고백하거라. 내가 너를 얼마나 사랑하는지 아느냐?"

지귀복 : "나의 주님, 나를 용서해 주세요. 이 무지한 죄인을 용서해 주세요. 이 어리석은 죄인을 깨닫게 하시니 감사드립니다."

예수님 : "좌절은 믿음 없는 것을 나타내는 것이다. 내가 너를 연단하고 있는데 아무도 너를 도와줄 자가 없다. 사람을 의지하지 말거라. 그날그날 회개하고 마음을 비우는 습관을 갖거라."

[이사야 41:4]

이 일을 누가 행하였느냐 누가 이루었느냐 누가 처음부터 만대를 불러내었느냐 나 여호와라 처음에도 나요 나중 있을 자에게도 내가 곧 그니라 나는 주님의 여종입니다. 나는 문지기 종입니다.

예수님은 말씀하십니다.

"반드시 복 주고 복 주며, 한번 내게서 나간 말은 다시 돌릴 수
없나니."

절제하는 습관

[마태복음 3:11]
나는 너희로 회개하게 하기 위하여 물로 세례를 베풀거니와 내 뒤에
오시는 이는 나보다 능력이 많으시니 나는 그의 신을 들기도 감당하
지 못하겠노라 그는 성령과 불로 너희에게 세례를 베푸실 것이요

그러한 요한도 감옥에 있을 때,

"오실 그이가 당신이니까? 내가 다른 이를 기다리이까?"

비추인 등불 빛 앞에는 어둠이 물러가기 때문에 진리의 성령이
임하신다는 것이지요.

얼마나 회개가 중요한지, 주님은 회개를 외치셨습니다.
요한도 회개를 외쳤습니다.

베드로도 회개를 외쳤습니다.

[이사야 40:6~8]

6 말하는 자의 소리여 이르되 외치라 대답하되 내가 무엇이라 외치리이까 하니 이르되 모든 육체는 풀이요 그의 모든 아름다움은 들의 꽃과 같으니 7 풀은 마르고 꽃이 시듦은 여호와의 기운이 그 위에 붊이라 이 백성은 실로 풀이로다 8 풀은 마르고 꽃은 시드나 우리 하나님의 말씀은 영원히 서리라 하라

말씀이 육신이 되어서 오신 예수님이시지요. 그분은 도성인신이십니다. 나의 죄를 고백할 때마다 생명수의 강물로 나의 몸은 씻겨지는데 그것은 곧 예수님의 보혈입니다. 예수님이 나를 위해 흘리신 그 피로 나의 죄가 씻기어진다는 사실이죠. 이 놀라운 사실을 알고도 진심으로 회개하지 않기 때문에 구원에 이를 수 없다는 것입니다.

PART 2

주님은 말씀하십니다.

주님은 말씀하십니다 2

예수님은 말씀하십니다.

예수님 : "사람들은 그를 말하기를 정신없는 소리를 하고 있다고 말들을 하고 있다마는 나의 계획은 다르다. 그는 지금 모험을 하고 있다. 나의 일을 시키기 위해서 다듬고 있느니라. 그가 얼마나 나의 일을 행하여야 할지를 내가 그에게 가르쳐 보여 줄 것이고, 앞으로 나아갈 수 있도록 길을 열어 줄 것이다. 생각, 사상, 언어가 일치되기까지 훈련을 하고 있다. 내가 말한 것은 아침빛 같이 뚜렷해야 하고, 내가 말한 것은 정오의 햇빛 같이 강하게 임하여야 하고, 내가 말한 것은 숨긴 것이 없이 밝히 내 앞에 다 드러나야 하기 때문이지. 사람들은 말한다. 한 가지도 똑바로 이루지 못하면서 무엇을 그렇게 애쓰느냐고 한다마는 나는 그들에게 묻고 싶다. 너희는 그럼 주를 위해서 모험이라도 해 볼 생각을 해보았느냐고 말이다. 나는 나를 따르는 자들이 나를 위해 더 큰 꿈을 안고 앞으로 전진하기를 원한다. 하지만 한 가지 중요한 것을 모르고 있구나. 탐심의 늪이 있다는 것을. 과연 그것이 주님의 뜻인가 아니면 자기의 뜻인가, 나를 드러내기 위한 것인가 하는 것은 자기 자신이 잘 알 것이다. 보혈의 피. 보혈의 피.

이 세상에 사는 날 동안 자기에게 주어진 삶 속에서 나를 향한 열정이 있다면, 못할 것이 무엇이 있겠느냐?

하지만 욕심으로 이루어지는 것은 너무나 고통이 따르고 사람의 올무에 걸리게 되느니라. 나는 그 종에게 말해주고 싶구나. 너의 열정과 꿈은 좋으나, 지금은 너의 기초가 흔들리고 있다고 말이다. 기초를 반석 위에 짓는 지혜로운 사람이 되었으면 좋겠구나. 내가 너에게 바라는 것은 참 평안을 얻었으면 좋겠구나. 너의 마음을 지켰으면 좋겠구나. 생명의 근원이 이에서 나옴이라. (욕심, 시기, 질투, 분쟁) 이러한 마음은 성령께서 일을 하실 수가 없다. 어린 아이와 같은 마음을 품으라. 그곳에서부터 성령이 역사하시느니라. 지금은 네가 정신을 차리고 깨어서 근신하고, 지혜로운 집을 지을 때라는 것을 명심하고, 나를 간절히 찾기를 바라며 나를 전심으로 찾기를 바라고 나를 온전히 찾기를 바라는 것뿐이다. 다시는 그 입술에서 불필요한 말을 꺼내지 말고, 오직 주님 앞에 온전히 무릎을 꿇으라."

지귀복 : "예, 주님."

예수님 : "너희들의 많은 질고를 지고 나는 물과 피를 쏟았다. 내가 진정 바라는 것이 있다면, 나를 좀 더 사랑하는 마음을 가지고 내게 가까이 왔으면 좋겠구나. 위선과 거짓을 버리고 주님 앞에 서는 것이 정말 중요하단다. 많은 사람들이 이 위선과 거짓으로 뒤집어 씌워져 가지고, 그것을 벗어버리려고 하지 않고 그저 자기 자신의 모습만 나타내려고 하는구나. 세상에는 여러 가지 소리가 다양하게 들려오고 있다마는, 가장 들어야 할 성령의 음성을 놓아 버린다면 나머지는 무슨 소리이겠느

냐? 세상의 소리를 듣고 따라가면 그 결말은 어디를 향해서 가겠느냐? 이제는 그 마음조차 굳어서 분간을 하지 못하고 있구나. 어디에서 들리는 소리인지도 모른다면 우왕좌왕 갈팡질팡 무엇이 진실인가 과연 알 수 있을까? 너는 부족하다고 늘 고백을 하지만, 나는 너를 통해서 할 일이 많단다. 내가 능력을 채워서 쓸 것이니 염려하지 말거라.”

지귀복 : “주님, 진주를 치료해 주세요. 이 아이가 건강함으로 믿음으로 살게 하소서. 나의 근심이 되지 않게 하소서. 나에게서 무거운 죄의 짐을 벗기신 주님. 평강의 옷을 입혀 주시고, 보혈의 옷을 입혀 주소서. 나를 치료하시는 주님, 감사와 경배를 드립니다. 주님! 모든 삶은 다 처음 겪는 것이지만, 그 모든 것에서도 나를 이끄시고 인도하시는 주님이 계시기에 두렵지 않습니다.

나의 힘과 소망이 되신 예수님, 사랑하고 경배드립니다. 앞으로의 삶 속에서 주님의 관심과 자비가 없다면, 성령의 충만한 삶이 없다면 마치 내 마음은 솜털과 같이 말라버리나이다. 나의 영혼에 성령의 단비를 내려 주시사 아침 이슬과 같이 촉촉함을 주옵소서. 내가 주님을 사모함으로 부엉이같이 밤을 새워 내 입술이 주님께 기도하나이다. 나의 아버지 나의 하나님 나를 불쌍히 여기시고, 나의 영혼이 주님을 우러러보오니 나의 영혼에 흡족한 은혜의 단비를 내리소서. 내가 주의 은혜를 기다리나이다. 아멘.”

예수님은 말씀하십니다.

예수님 : "내 사랑하는 신부야, 오늘부터 찬양하면서 춤추는 시간을 갖거라. 내가 너에게 흡족한 은혜를 줄 것이다."

지귀복 : "아멘."

예수님 : "춤을 추며 찬양할 때 모든 질병은 사라진다(진주도 그렇게 말해주거라). 너희는 나를 위해 지었나니, 나의 영광을 위해 지음을 받았기 때문이다. 모든 비밀은 찬양 속에 있다."

어쩌면 우리가 지금 호흡을 하고 있는 것은 그 누군가에게 아버지의 사랑을 전하기 위함이요, 그 누구에게 아버지의 뜻을 이루어 드리기 위해서가 아닐까요?

오늘 하루를 살게 해달라고 간절히 기도하는 사람도 있습니다. 그러나 그 기도가 마지막이 되었다면, 우리가 오늘도 어제와 같은 삶을 산다면 아무런 의미가 없겠지요. 보다 더 아버지의 사랑을 간구해야 될 것입니다.

우리에게 묶여 있는 이 모든 짐들은 아버지께 맡기고 일어서야 합니다. 내일을 향해 아버지의 사랑을 구합시다. 그리고 전합시다. 예수 그리스도는 부활이요, 생명이라고.

하나님 아버지 사랑합니다. 경배합니다.

가족의 자녀가 아버지가 어디 불편한가, 식사는 하셨는가 보살피지 않고 너는 너, 나는 나 이렇게 마음으로 각기 산다면 그것이 가족이겠습니까?

우리 아버지도 마찬가지이지요. 이 많은 모래알 같은 사람 중에 나를 택해서 불러 주셨는데 아버지의 뜻을 따르기보다는 우선 눈에 보이는 것을 쫓아 살아간다면 그 결국은 어디로 가겠습니까?

아버지의 관심이 없는 곳은 어둠이지요.

오늘도 우리는 과연 얼마나 아버지의 영광을 선포하며 시간을 보내셨는지요?

남을 위해서 기도한다는 것은 그리 쉬운 일이 아닙니다.

좀 더 내가 낮아져야 되고, 좀 더 간절함을 가져야 하고, 좀 더 눈물로써 호소를 해야 하기 때문입니다. 그들의 영혼을 생각하면 참으로 간절함 속에서 나오는 그 기도가 과연 주님이 받으시는 기도가 되기 때문입니다. 많은 시간 기도를 하지만 허공을 치는 기도를 했다면 무슨 소용이 있겠습니까? 진정한 중보는 불쌍히 여기는 마음과 주님을 간절히 바라는 마음에서부터 출발이 되어져야 합니다.

예수님은 말씀하십니다.

"더욱 그 기도를 줄 수 있는 이들에게 간절함으로 축복하라. 과연 믿음의 기도가 될 것이다. 반드시 열매로 돌아와야 한다. 너의 눈은 마치 시냇물이 흐르는 줄기처럼 눈물이 흐르고 있구나. 그 귀한 눈물의 열매는 내가 반드시 열매를 맺게 할 것이니 더욱더 기도의 지경을 넓혀서 간절함으로 기도하라. 성령께서 행하실 수 있도록."

주님의 능력으로 주님의 손길로 어루만져 주시사, 나의 영혼이 오늘도 주님을 찬양합니다.

예수님은 말씀하십니다.

예수님 : "너는 내가 다 주관하고 있느니라. 평안하거라. 내가 조금 멀리 느껴진 것 같으냐?"

지귀복 : "예, 주님."

예수님 : "너의 태도를 보려고 그랬다. 어떻게 하는가. 그런데 내가 무엇이라고 하는 것만 집중하고 있구나. 그래, 그것이 나의 신부이니라. 내가 아무 말 없을 때도 그냥 무심코 지나가 버린다면, 너와 내가 무슨 상관이 있겠느냐?"

 너는 이제 어린 아이 신앙이 아니란다

"나의 하나님 아버지시여, 제가 어떻게 해야 할까요? 앞에는 홍해요, 뒤에는 바로의 군대가 몰려오나이다. 아버지여, 주께서 꾸짖으사 적국을 물리쳐 주옵소서. 주님의 강한 군사로서 길을 가게 하옵소서. 저의 입술의 간구를 외면하지 마옵시고 여호와의 열심으로 행하시옵소서. 제가 주께 바라나이다. 믿음으로 말씀으로 세워주시고 몸된 제단에 심겨지는 일꾼되게 하소서. 여리고 나약한 믿음 위에 성령으로 새롭게 행진할 수 있는 힘을 주소서."

예수님께서 말씀하십니다.

"나는 너를 가시관을 쓰고 피를 흘려서 너를 낳아주었다. 그런데 그것 가지고 힘들다고 하느냐? 열방을 품을 네가 이겨내거라. 세계를 품을 네가 믿음으로 이겨내라. 나는 너를 사랑하고 지금도 많은 은혜와 능력과 영권과 영분별과 신유, 예언 통역의 은사를 주고 있느니라. 이러한 은사들이 도구의 역할을 함으로 사역을 하게 되느니라.

쉽게쉽게 낙심하지 말고, 절망하지 말고 이겨내거라. 네 주님이 함께 하시는데 무엇이 두려우냐? 무엇이 염려가 되느냐? 앞으로는 물질의 문제도 이루어질 것이다. 너의 생각한 대로 되어갈 것이다. 그러나 더 열심히 더 강하게 전진하거라. 강한 의지가 있어야 하고, 성령으로 행하길 바란다. 반드시 이루어줄 것이다."

[창세기 28:1~5]
1 이삭이 야곱을 불러 그에게 축복하고 또 당부하여 이르되 너는 가나안 사람의 딸들 중에서 아내를 맞이하지 말고 2 일어나 밧단아람으로 가서 네 외조부 브두엘의 집에 이르러 거기서 네 외삼촌 라반의 딸 중에서 아내를 맞이하라 3 전능하신 하나님이 네게 복을 주시어 네가

생육하고 번성하게 하여 네가 여러 족속을 이루게 하시고 4 아브라함에게 허락하신 복을 네게 주시되 너와 너와 함께 네 자손에게도 주사 하나님이 아브라함에게 주신 땅 곧 네가 거류하는 땅을 네가 차지하게 하시기를 원하노라 5 이에 이삭이 야곱을 보내매 그가 밧단아람으로 가서 라반에게 이르렀으니 라반은 아람 사람 브두엘의 아들이요 야곱과 에서의 어머니 리브가의 오라비더라

위대하신 주님의 능력

[마태복음 16:24]

이에 예수께서 제자들에게 이르시되 누구든지 나를 따라오려거든 자기를 부인하고 자기 십자가를 지고 나를 따를 것이니라

예수님은 말씀하십니다.

"귀복아, 귀복아. 너는 왜 내가 말하지 않으면 스스로 할 수는 없는 것이냐? 내가 너에게 개입할 것이다. 네 남편과 그냥 그렇게 시간을 보내버리고, 말씀과 기도와 회개가 부족하구나. 영육을 비워야 한다. 강단에 올라가야 하기 때문에 준비해야 한다. 전투를 준비하는 군인이 훈련을 하지 않고 어떻게 나갈 수 있겠느냐? 너는 지금 훈련을 해야 한다. 너의 생각은 '누가 나를 오라 할까?' 한다마는, 주님이 한 번 열면 닫을 자가 없고 닫으면

열 자도 없단다. 주님이 다 준비하고 있느니라. 너가 준비할 것은 기도와 말씀, 새벽기도다. 너가 넘어야 할 것은 인간의 열등의식과 연민과 갈등이다. 이러한 것들을 너의 의식 속에서 뽑아내거라. 오직 예수, 오직 믿음으로."

[디모데후서 1:12]

이로 말미암아 내가 또 이 고난을 받되 부끄러워하지 아니함은 내가 믿는 자를 내가 알고 또한 내가 의탁한 것을 그 날까지 그가 능히 지키실 줄을 확신함이라

"주님 깨닫게 하시니 감사드립니다."
"성령님 인도해 주셔서 감사드립니다."
주님의 사랑으로 인간의 색깔을 드러내려는 것은 NO!
부흥이 먼저가 아니고 각자에게 성령의 기도의 불을 붙이는 것이다.

[고전도전서 2:9~10]

9 기록된 바 하나님이 자기를 사랑하는 자들을 위하여 예비하신 모든 것은 눈으로 보지 못하고 귀로 듣지 못하고 사람의 마음으로 생각하지도 못하였다 함과 같으니라 10 오직 하나님이 성령으로 이것을 우리에게 보이셨으니 성령은 모든 것 곧 하나님의 깊은 것까지도 통달하시느니라

성령의 기름부음은 1번 성을 내면 기름부음이 그만큼 늦어지

고, 그로 인해 육신적 타격이 옵니다. 2번 성을 내면 더 멀어지고 (더 늦어지고 더 큰 타격이 옵니다).

예수님은 말씀하십니다.

예수님 : "어떠한 상황에서도 성을 내지 말거라. 성령의 불이 타오르는 자, 나의 사랑을 입은 자는 찬양을 해야지. 너는 이제 어디를 가든지 나의 보혈을 외치고 회개를 외치라."

주님께서 저에게 어느 곳에 가서 메시지를 전하라는 사명을 주셨습니다.

지귀복 : "주님, 지금이라도 주님께서 원치 않으시면 시키신 대로 하겠나이다."

예수님은 말씀하십니다.

예수님 : "이미 주사위는 던져졌느니라. 너의 태도에 달려 있느니라. 나는 지켜볼 것이다. 나의 눈물을 전해다오. 껍데기들을 두려워하지 말고. 영적으로 깨어 있는 자에게는 아무런 문제가 되지 않는단다. 주님의 영광을 위해서 시행하라. 사랑하는 나의 신부야, 내가 다 알아서 한다고 하지 않더냐? 기다리거라. 나는 알파와 오메가이니라. 너는 지금 출발했고 시작되었느니라. 주님은 오실 준비가 다 되었다고 전하거라."

지귀복 : "아버지 하나님 주님께서 말씀하신 것을 들을 수 있는 귀를 열어주세요."

예수님 : "내가 너의 귀를 열어 줄 것이다. 나는 알파와 오메가요, 처음과 끝이라."

예수님은 말씀하십니다.

"내가 이 시간 성령으로 이 여종을 통해서 너희에게 말하고 있느니라. 나의 사랑하고 귀한 백성들아, 내 말 좀 들어보렴. 나는 너희를 위해서 십자가 위에서 물과 피를 흘려 모든 것을 다 주었다. 주님은 오실 준비가 다 되었단다. 그러나 나의 보혈의 옷을 입지 않은 나의 백성을 볼 때 나의 마음은 아프단다. 회개하고 지금은 나의 보혈의 옷을 입을 때이니라. 나는 나의 백성들이 나를 기다리기를 원하노라."

[예레미야 22:21]

네가 평안할 때에 내가 네게 말하였으나 네 말이 나는 듣지 아니하리라 하였나니 네가 어려서부터 내 목소리를 청종하지 아니함이 네 습관이라

예수님 : "너가 쓴 그 책은 너를 떠났고, 이제 그 책은 내가 할 것이다. 날개를 달고 나아갈 것이다. 너는 교회를 위해서, 부흥을 위해서 기도해야 되지 않겠니?"

지귀복 : "주님 사랑합니다."

예수님 "나도 너를 사랑하지만, 너가 일을 하기 위해서는 이제는 너를 더욱 강하게 할 것이다."

지귀복 : "나의 영과 육을 회복시켜주시니 감사드립니다."

[예레미야 39:18]

내가 반드시 너를 구원할 것인즉 네가 칼에 죽지 아니하고 네가 노략
물 같이 네 목숨을 얻을 것이니 이는 네가 나를 믿었음이라 여호와의
말씀이니라 하시니라

지옥의 터널을 지나

성령의 기름부음이 임하였습니다.

나의 영은 어디론가 가고 있습니다. 시골길 같은 산기슭을 지
나서 연기가 피어오르는 곳을 향해 가고 있었습니다. 도착한 곳
은 지옥의 터널이었습니다. 그곳에는 새까만 마귀가 입구에 있
고, 터널에서 연기가 나옵니다. 계속 연기가 나는 쪽을 보고 있
으니 마귀가 나의 목을 잡더니 그 터널에 집어 넣을려고 하자,
주님의 보혈의 피가 나의 머릿속으로 들어옵니다. 갑자기 주님
께서 빛으로 내 몸속에 임하셨습니다. 그래서 나는 그 터널 안
을 보게 되었습니다. 그곳은 수많은 사람들이 놀라는 표정 그대
로 경직되어 자기의 죄의 벌대로 들어가는 대기소입니다. 그곳
에서도 공포에 떨고 있는데, 정말 불속에 들어가면 얼마나 더 고
통스럽겠습니까? 수많은 주님의 백성들이 지옥을 향해 떨어지
고 있다는 것입니다.

예수님은 말씀하십니다.

"나의 백성들이 예수님을 어정쩡하게 믿기에 결국은 이 고통의 동굴로 들어오고 있다."고 하십니다.

아프리카의 어린 영혼들이 가 있는 지옥

검은 산. 나무 한 그루도 살아 있지 않은 산. 끝도 없는 황폐한 들판. 뜨겁고 메마른 곳, 물이 없는 곳. 앉을 수 있는 바위가 곳 곳에 있습니다.

땅속에서는 뜨거운 열기가 올라오는 들판에 모든 것이 다 말라버린 모습으로 지쳐버린 어린 아이들. 이들은 아프리카의 아이들이었습니다. 복음을 받지 못한 아이들이 죽어서는 이곳으로 온다는 것입니다.

이것을 보여준 것은 주님께서 "지금은 너희가 나눌 때이며, 선교할 때이다. 더 절제하고 검소한 삶을 살라. 영혼을 위해서 선교할 때."라고 하셨습니다. 우리는 선교의 기름부음을 받아야 합니다.

주님을 따라간 지옥

성령의 기름 부음을 받게 하시고 주님은 나를 부르십니다. 어느 산을 향해 올라가시는 주님을 따라가고 있었습니다. 어느덧 커다란 동굴에 형체가 나타났는데, 그곳은 유황불이 활활 타고 있었고, 커다란 마귀는 채찍을 들고 주위를 뱅뱅 돌면서 그 불속에 있는 사람을 채찍으로 때리기 시작합니다. 이곳은 음행한 자들이 받는 형벌입니다. 남자와 여자가 옷을 입지 않은 채 붙어서 불에 타고 있습니다. 떨어지면 마귀가 채찍으로 몸을 때릴 때 살점이 떨어집니다. 그러면 남자와 여자가 다시 붙습니다. 이루 말할 수 없는 고통을 받고 있는 수많은 사람들. 순간의 육체의 쾌락에 빠져서 회개가 안 된 영혼. (우리는 회개해야 합니다. 내 남편, 내 아내를 뜨겁게 사랑하지 않은 것) 주님은 책망하십니다. 처참한 고통 속에 영원히 그렇게 형벌을 받는다는 것입니다. 또한 커다란 동굴 안에 구렁이가 너무나 많습니다. 그곳에 사람이 있는데, 수많은 구렁이가 몸에 구멍이 난 곳은 다 들어갔다 나갔다 하면서 괴롭게 하고 있었습니다.

예수님은 말씀하십니다.

"순간의 육신의 쾌락 때문에 영원토록 형벌 속에 갇혔다."고.
사람들이 검은 진흙을 뒤집어 쓰고 있는데 진흙은 끓기 시작합니다. 숨도 쉬기가 힘들 정도로 구렁이가 몸을 칭칭 감고 있습니다. 움직이면 더 조여오고 또 움직이면 용머리 같은 입에서 불이 나옵니다. 또 겨우 빠져나오면 그 긴 꼬리로 다시 잡아와서 쪼입니다. 위에서 뜨거운 빛이 쬐입니다. 이 사람들은 이 사람 저 사람 음행한 자들이 가는 곳입니다.

높은 산꼭대기에 화산과 같은 불이 솟구쳐 올라오는 구덩이에다 온 산에는 사람들이 소리를 지르면서 마귀에게 잡히지 않으려고 도망을 다닙니다. 어쩌다 잡히면 여지없이 그 불꽃이 튀어 오르는 구덩이에 집어 넣어버립니다. 사람을 산속에 나무에다 거꾸로 매달아 놓고 장어 껍질 벗긴 것처럼 껍질을 벗깁니다. 이곳은 예수님을 믿고 교회는 다니나 구원에 확신이 없는 자, 예수님의 보혈이 없는 자가 방황하다 마귀에게 잡혀서 지옥으로 들어가고 있다는 것입니다.

끊임없이 위에서는 사람들이 지옥으로 떨어진 후 산에서 마귀에게 잡히지 않으려고 몰려다니지만, 마귀는 한 사람씩 지옥의 형틀에 묶습니다. 영원토록 이 고통을 받는다는 것이지요.

예수님은 말씀하십니다.

"너는 간증할 때 이것을 전하거라. 죄를 범한 자들이여, 지금 회개하고 지금 예수 그리스도의 보혈의 피로 너의 죄를 깨끗이 씻으라고 전하라. 너무나도 무섭고 끔찍한 지옥의 형벌대 위에 서지 말고 지금 회개하여라. 너무나 애타게 말씀하시는 주님의 그 목소리를 외면한다면 영원토록 다시는 기회가 없다는 것을 정녕 너는 알려라.”

 ## 자살한 자가 가는 지옥

주님은 갑자기 내 손을 잡으시고 생명수 강과 황금 다리를 건너서 어딘가로 가는 것이었습니다. 갑자기 나는 좀 무서운 느낌이 들었습니다.

주님은 나를 데리고 다리 끝에서 앞을 바라보라고 말씀하셨습니다. 눈 앞에 펼쳐진 것은 끝도 없는 검은 빛깔에 커다랗고 깊은 모양의 웅덩이 같은 공간이 눈에 들어왔습니다. 그리고는 그곳에서 불이 금을 녹일 때 나오는 색깔처럼 시뻘겋게 타오르고 있었고, 그 불꽃 속에서 저는 어떤 낯익은 음성을 듣게 되었습니다. 사람의 형체는 알아볼 수 없었지만, 음성은 정확하게 이 땅에 있을 때나 그곳에서 말하는 것이 똑같았습니다. 그분은 바로 제 육신의 아버지였습니다.

이 땅에 계실 때 우상숭배하다 주님을 영접했지만, 육신의 질병으로 인해서 너무나 힘든 삶을 사시다가 약을 잡수시고 자살을 하셨습니다. 그 불꽃 속에서 음성이 들려옵니다.

“내가 이럴 줄 알았으면 자살을 하지 않았을 것인데. 이렇게 뜨겁고 고통스러운 곳에 올 줄 알았다면, 내가 주님을 좀 더 잘 믿었을 것을." 하며 후회하는 그 음성을 듣자 나는 마음이 너무나 무겁고 침통하고 슬펐습니다.

또다시 음성이 들려왔습니다.

"나를 이곳에서 꺼내줄 자는 아무도 없단다. 너무나 후회스럽구나. 너무나 원통하구나. 주님을 좀 더 잘 믿을 것을" 하고 후회하는 소리를 들었습니다. 나는 황금 다리에 앉아서 통곡했습니다. 뒤따라서 들려오는 두 명의 음성이 또 있었습니다.

나는 열심히 복음을 증거했고 교회를 나가시게 됐지만, 믿음의 확신이 없었습니다. 또한 우상숭배한 죄를 회개하지 못하였습니다. 그래서 결국 우상숭배와 자살이라는 죄를 범하게 되었습니다. 주님은 우상숭배자가 어떻게 고통받는지를 책에 기록하라고 내게 보여주셨다고 말씀하십니다.

"귀복아, 나는 너를 너무너무 사랑한단다. 그러나 너의 아버지의 일은 참으로 안타깝구나. 그도 나를 알려고 했으나, 신앙의 확신이 없어서 똑바로 회개하지 않았기에 결국 지옥에 간 것이다. 많은 사람들이 나를 머리와 생각으로만 알고 그것으로 만족하려는 사람들이 많단다. 그러나 좀 더 나에게 가까이 와야 할 것인데, 그것을 하지 못한 백성이 많이 있단다."

주님의 때를 기다린 자

예수님은 말씀하십니다.

"나의 때를 기다린 자는 참으로 복이 있는 자로다. 내가 그들에게 가장 아름다운 것으로 채워주리라. 귀가 열린 자들은 성령이 하시는 말씀을 들을 것이며, 그들에게 나타나는 역사는 회개의 열풍이 일어날 것이고, 말씀과 은사와 전도의 열풍이 일어나게 될 것이다."

 ## 주님의 위대하심

사람을 펼치면서 기도하는 방법.

말씀을 펼치면서 기도하는 방법.

예수님은 말씀하십니다.

예수님 : "내가 얼마나 위대한지 아느냐? 믿음이란, 나를 사랑하고 믿는 것이다. 사람들이 보고, 듣고, 맛보려고 하니까 믿음이 오지 않는 것이다. 엘리야는 바알과 팔백오십 대 일로 대결했고, 모세는 믿음으로 홍해를 갈랐

고, 히스기야 여호수아, 다니엘, 나아만 장군, 소경 바디매오…. 성경에 얼마나 많으냐? 나는 낮추기도 하고 높이기도 한다. 취하기도 하고 버리기도 한다. 너는 나를 얼마나 아느냐?"

지귀복 : "주님의 위대하심만 압니다."

예수님 : "그래. 아직은 말씀을 깊이 깨닫지 못하니, 나의 위대함만 찬양하지, 하지만 말씀에서 나를 발견하면 그것이 배가 되어 믿음이 커진단다."

지귀복 : "예, 주님."

예수님 : "너의 머리도 이제 점점 안정이 돼 가고 있고, 모든 것이 자리를 잡고 잘 진행될 것이다. 너의 가슴이 너무 압박이 되어서 그렇지만, 앞으로 평안해질 것이기에 필요한 것들을 취해도 될 것 같구나."

 지옥은

지옥은 구더기도 죽지 않고 사람을 소금 치듯 불 속에서 영원히 고통받는 곳입니다. 우리가 상상할 수 없는 그 유황불 속에서 자기의 죄 때문에 고통받는다면 여러분, 우리는 어떻게 해야 할까요? 왜 내가 예수를 믿으면서도 많은 시간이 있었는데 말씀대로 살지 않고 회개하지 않아서 이 고통을 받는다면 그 사람은 얼마나 억울하고 분하겠어요?

사람을 보지 마세요. 천국은 예수님을 믿음으로 죄사함 받는 자가 가는 곳이고, 지옥은 회개하지 않는 자가 가는 곳입니다.

주님 앞에 우리는 혼자입니다. 주님 앞에 서면 모든 것이 다 드러납니다. 너무나 떨려서 변명도 할 수 없습니다. 지금 우리는 나의 신앙을 점검하고, 지금 회개해야 하고, 육신의 몸을 갖고 있는 지금이 우리에게 은혜받을 때이고, 지금이 구원에 이를 때입니다. 우리가 세상에 살아가고 있으나, 세상 것에 속지 말아야 합니다. 그 뒤에는 마귀가 여러 가지 모습으로 우리를 유혹합니다. 오직 예수, 오직 회개, 오직 말씀.

 ## 사람을 축복하고 감사하라

예수님은 말씀하십니다.

"이제 너의 삶의 일은 그만 이야기하고, 나의 일을 하거라. 언제까지 그것만 이야기하면서 있을 것이냐? 영혼을 살려내야지. 천국과 지옥을 간증하고 예수의 피와 죄사함을 외쳐라. 나는 죄인을 부르러 왔고 회개시켜 천국 백성 만들기 위해서 왔단다. 가장 중요한 것은 사람을 축복하는 것이다. 그리고 감사가 없으면 은혜가 끊어진다."

[야고보서 1:21-27]

21 그러므로 모든 더러운 것과 넘치는 악을 내버리고 너희 영혼을 능히 구원할 바 마음에 심어진 말씀을 온유함으로 받으라 22 너희는 말씀을 행하는 자가 되고 듣기만 하여 자신을 속이는 자가 되지 말라 23 누구든지 말씀을 듣고 행하지 아니하면 그는 거울로 자기의 생긴 얼굴을 보는 사람과 같아서 24 제 자신을 보고 가서 그 모습이 어떠했는지를 곧 잊어버리거니와 25 자유롭게 하는 온전한 율법을 들여다 보고 있는 자는 듣고 잊어버리는 자가 아니요 실천하는 자니 이 사람은 그 행하는 일에 복을 받으리라 26 누구든지 스스로 경건하다 생각하며 자기 혀를 재갈 물리지 아니하고 자기 마음을 속이면 이 사람의 경건은 헛것이라 27 하나님 아버지 앞에서 정결하고 더러움이 없는 경건은 곧 고아와 과부를 그 환난중에 돌보고 또 자기를 지켜 세속에 물들지 아니하는 그것이니라

예수님은 말씀하십니다.

"밤에 일어나라고 할 때 깨어 기도하는 것이 중요하다. 외면하면 영적인 것이 멀어진다. 육신의 죄의 집에서 나와서 영으로 날아오르라. 육신은 항상 죄가 도사리고 있다. 영으로 나오라. 주님과 결합하라.

간증은 가볍게 하지 말고 무겁게 정말 주님의 심정으로 외치라. 한 영혼이라도 괜찮다. 회개하는 역사가 일어나야 한다. 형식적인 시간으로 끝나면 안 된다. 그들의 가슴을 파고드는 울림이 있어야 회개한다. 때론 강하게, 때론 부드럽게, 때론 확신이

차게 전하고 외쳐라. 스올의 뱃속에 들어가 본 네가 이들의 영적 답답함을 알았다면 외쳐라. 나의 보혈의 피를... 피리를 불어도 춤을 추지 않는 세대, 천국을 보고 와서 증언을 해도 믿지 않는 사람들, 이 세대를 누가 말할 수 있겠는가? 하나님 아버지의 그 사랑하심이 아니고서야 어찌 이 진노에서 벗어날 수 있으랴."

[고린도후서 6:2]
이르시되 내가 은혜 베풀 때에 너에게 듣고 구원의 날에 너를 도왔다 하셨으니 보라 지금은 은혜 받을 만한 때요 보라 지금은 구원의 날이로다

그 아들 예수 그리스도 만왕의 왕이시요, 만주의 주가 되신 그분이 오시는 길을 예비합시다. 그분은 우리를 향해 철장 권세를 가지시고 우리에게 침노해 들어오십니다.

[요한계시록 2:27]
그가 철장을 가지고 그들을 다스려 질그릇 깨뜨리는 것과 같이 하리라 나도 내 아버지께 받은 것이 그러하니라

예수님은 말씀하십니다.

예수님 : "너는 이제 다 겪어 보았다. 이제는 죄를 범치 말거라. 인간은 다 냄새나는 존재이다. 고귀하신 분은 예수님 밖에 없다."
지귀복 : "나를 치료하신 주님 감사드립니다."

주님의 강한 용사들이여, 복음의 옷을 입고 나아가 외쳐라! 주님은 곧 오십니다.

영 분별 (혼의 논리)

예수님은 말씀하십니다.

"주의 종에게는 영적인 빛이 있단다. 자기 논리 속에 갇힌 자는 주의 종이 아니란다. 그 악함이 목까지 찼다. 그래도 자기의 것을 드러내려고 하는 것, 복음이라고 전하는 말들이 마치 처마 밑에 고드름에서 떨어지는 물방울 같다. 햇볕이 나오면 다 말라 버리는 것을...

복음은 계속적인 생수가 그 속에서 나오는 것이다. 빈 수레가 요란함같이 자기 복음 속에 갇혀서 나오지도 못하고 나가려는 자도 못 나가게 하는 것이 자기 방식의 복음이다. 황망한 사망의 길로 가고 있는 것이겠지.

내가 모든 것을 성경에 다 기록해 놓았는데, 억지로 자기 마음대로 풀려다 모두가 다 영적 감옥에 갇히게 된다. 진리의 성령은 나사로처럼 풀어 놓아 다니게 되는 것이다. 그 어떤 자도, 구십 먹은 할머니도 다 알아들을 수 있는 복음은 성령의 소리다."

[창세기 3:5-6]

5 너희가 그것을 먹는 날에는 너희 눈이 밝아져 하나님과 같이 되어 선악을 알 줄 하나님이 아심이니라 6 여자가 그 나무를 본즉 먹음직도 하고 보암직도 하고 지혜롭게 할 만큼 탐스럽기도 한 나무인지라 여자가 그 열매를 따먹고 자기와 함께 있는 남편에게도 주매 그도 먹은지라

예수님은 말씀하십니다.

"삼중 타락 즉 영적, 환경적, 육신의 죽음이다. 마귀에게 속아서 살고 있는 것이다. 성령이 아니고서야 눈을 뜰 수가 없다."

[마가복음 16:17-18]

17 믿는 자들에게는 이런 표적이 따르리니 곧 그들이 내 이름으로 귀신을 쫓아내며 새 방언을 말하며 18 뱀을 집어 올리며 무슨 독을 마실지라도 해를 받지 아니하며 병든 사람에게 손을 얹은즉 나으리라 하시더라

[요한계시록 22:12]

보라 내가 속히 오리니 내가 줄 상이 내게 있어
각 사람에게 그가 행한 대로 갚아 주리라

예수님은 말씀하십니다.

예수님 : "너의 생각에는 얼마 못 가서 죽을 것 같았던 너의 자녀가 지금도 살아서 방에 있지 않니? 나는 너에게 나

의 위대함을 보이고 있다. 너는 포기해도 나는 포기하지 않는다."

지귀복 : "주님의 위대하심을 찬양합니다."

예수님 : "인간은 조급하나 나는 조급해하지 않는다. 그분의 계획대로 가고 있다. 너는 너를 위해 기도하고 보혈을 뿌리고 잠겨 있으라."

[마태복음 10:1-15]

1 예수께서 그의 열두 제자를 부르사 더러운 귀신을 쫓아내며 모든 병과 모든 약한 것을 고치는 권능을 주시니라 2 열두 사도의 이름은 이러하니 베드로라 하는 시몬을 비롯하여 그의 형제 안드레와 세베대의 아들 야고보와 그의 형제 요한, 3 빌립과 바돌로매, 도마와 세리 마태, 알패오의 아들 야고보와 다대오, 4 가나나인 시몬 및 가룟유다 곧 예수를 판 자라 5 예수께서 이 열둘을 내보내시며 명하여 이르시되 이방인의 길로도 가지 말고 사마리아인의 고을에도 들어가지 말고 6 오히려 이스라엘 집의 잃어버린 양에게로 가라 7 가면서 전파하여 말하되 천국이 가까이 왔다 하고 8 병든 자를 고치며 죽은 자를 살리며 나병환자를 깨끗하게 하며 귀신을 쫓아내되 너희가 거저 받았으니 거저 주라 9 너희 전대에 금이나 은이나 동을 가지지 말고 10 여행을 위하여 배낭이나 두 벌 옷이나 신이나 지팡이를 가지지 말라 이는 일꾼이 자기의 먹을 것 받는 것이 마땅함이라 11 어떤 성이나 마을에 들어가든지 그 중에 합당한 자를 찾아내어 너희가 떠나기까지 거기서 머물라 12 또 그 집에 들어가면서 평안하기를 빌라 13 그 집이 이에 합당하면 너희 빈 평안이 거기 임할 것이요 만일 합당하지 아니하면 그 평안이 너희에게 돌아올 것이니라 14 누구든지 너희를 영접하지도 아니하고 너희 말을 듣지도 아니하거든 그 집이나 성에서 나가 너

희 발의 먼지를 떨어 버리라 15 내가 진실로 너희에게 이르노니 심판
날에 소돔과 고모라 땅이 그 성보다 견디기 쉬우리라

부름을 받았다는 것 때문에 능력을 주셨습니다. 우리가 순종만
하면 하나님은 일하십니다. 하나님께서는 제일 자신 있어 하는
것부터 깨부숩니다. 자기 의와 교만이 섞인 갈등.

하나님의 일은 하나님께서 드러내십니다. 어떻게 찾아도 찾아
도 실패한 인생을 찾아내서 쓰십니다. 나의 의로 한 것이 아닙
니다. (하나님의 위대성. 하나님께서 하십니다). 다만 순종할 뿐
입니다.

일단 내가 백지가 되어야 합니다. 하나님께서는 일단 깡그리
무시하고(하나님의 마음, 하나님의 글을 쓰십니다), 백지상태로
놔두십니다. 털어내는 일부터 합니다. 그래야 이 사람이 하나님
의 통치 속에 들어오니까...

금식의 영(욕망을 죽이는 것)은 육신의 정욕, 안목의 정욕, 이
생의 자랑을 죽이는 것입니다.

주님은 누구 앞에서도 하나님 영광 가로채고, 설치는 것을 좋
아하지 않으십니다. 일단 껍데기를 다 벗기십니다. 인간의 지식
과 정보 얼마나 무섭기에 번성의 법칙으로 풀어나가려는 본성
이 생깁니다. 내가 백지가 될 때 하나님의 음성이 정확히 들려
옵니다.

예수님이 말씀하십니다. 이제부터 주께서 하십니다.

예수님 : "너는 내 뜻대로만 순종하면 된다. 나는 너를 끝까지 사랑한다. 인간의 어리석은 것을 드러내지 말라. 나는 변하지 않는다. 너희들의 마음에서 벽을 쌓은 것이다. 죄의 껍질을 벗으라. 날려버리라. 온전한 기쁨을 누리라."

지귀복 : "아멘."

예수님 : "의심, 불순종과 불신의 영들은 예수님의 이름으로 떠나가라."

지귀복 : "아멘."

예수님 : "부지런하고 성실하게. 누구는 되고, 누구는 안되는 것이 아니다. 좋은 습관이 중요하다. 모든 것을 다 받아들일 때 분별하라. 지금은 훈련 중. 너무 자책하지 말라. 예배와 새벽, 말씀 읽는 것 훈련하고, 몸을 단련하거라. 항상 죄인의 자리에서 주님의 의로 구원받았다는 사실 (회개의 눈물이 있어야 한다). 많은 기도를 했으나 다시 세상 속에 가면 여전히 죄로 물들인 것을 보게 된다. 너무나 뼛속까지 죄인임을 깨닫는다. 내가 말한 모든 것들과 행동한 것들이 믿음으로 하지 않은 모든 것은 죄로 드러난다. 기도하지 않고 말한 모든 것들, 정직하지 못한 것들 모두 다 죄로 드러난다."

오호라 나는 곤고한 사람이로다.

[로마서 7:15-25]

15 내가 행하는 것을 내가 알지 못하노니 곧 내가 원하는 것은 행하지 아니하고 도리어 미워하는 것을 행함이라 16 만일 내가 원하지 아니하는 그것을 행하면 내가 이로써 율법이 선한 것을 시인하노니 17 이제는 그것을 행하는 자가 내가 아니요 내 속에 거하는 죄니라 18 내 속 곧 내 육신에 선한 것이 거하지 아니하는 줄을 아노니 원함은 내게 있으나 선을 행하는 것은 없노라 19 내가 원하는 바 선은 행하지 아니하고 도리어 원하지 아니하는 바 악을 행하는도다 20 만일 내가 원하지 아니하는 그것을 하면 이를 행하는 자는 내가 아니요 내 속에 거하는 죄니라 21 그러므로 내가 한 법을 깨달았노니 곧 선을 행하기 원하는 나에게 악이 함께 있는 것이로다 22 내 속사람으로는 하나님의 법을 즐거워하되 23 내 지체 속에서 한 다른 법이 내 마음의 법과 싸워 내 지체 속에 있는 죄의 법으로 나를 사로잡는 것을 보는도다 24 오호라 나는 곤고한 사람이로다 이 사망의 몸에서 누가 나를 건져내랴 25 우리 주 예수 그리스도로 말미암아 하나님께 감사하리로다 그런즉 내 자신이 마음으로는 하나님의 법을 육신으로는 죄의 법을 섬기노라

주님은 위대하시고 능력이 한이 없으십니다. 절박한 이 환경에서 살아갈 수 있게 하신 아버지 하나님, 이 세상에서 그 누가 나를 돌아보리요.

오직 주님은 나의 보호자가 되십니다.

충성된 주의 일꾼이 되게 하소서.
오직 성령의 이끌림으로 나아가게 하소서.

예수님은 말씀하십니다.

"나는 전능자다. 사람을 보지 말고 일을 일으킨 나를 보라."

[예레미야 33:2-3]

2 일을 행하시는 여호와, 그것을 만들며 성취하시는 여호와, 그의 이름을 여호와라 하는 이가 이와 같이 이르시도다 3 너는 내게 부르짖으라 내가 네게 응답하겠고 네가 알지 못하는 크고 은밀한 일을 네게 보이리라

주님의 권능의 옷을 입으면 달라집니다.
어느새 옷을 갈아입고 복음을 전하게 됩니다.

"말씀의 옷을 입으라."

[빌립보서 2:13]

너희 안에서 행하시는 이는 하나님이시니 자기의 기쁘신 뜻을 위하여 너희에게 소원을 두고 행하게 하시나니

예수님은 말씀하십니다.

예수님 : "소원을 두고 행하신다. 나의 위대성을 믿어라. 사람들은 그것이 우연이나 어쩌다 생긴 일처럼 말들 하지만, 우연은 없단다. 결코 내가 허락하지 않은 것은 아무것도 이룰 수가 없다는 것을 모르느냐? 나의 전능성을 인정하거라. 믿음이란, 나를 믿고 진정 그것을 이루시는

그분께 신뢰하고 기다리는 것이고 그것이 이루어졌을 때 겸손히 무릎을 꿇는 것이다. 코로나 19로 확신이 없는 자들을 데려가고 있다."

지귀복 : "주님 저를 깨워주시니 감사드립니다."

예수님 : "돈이 없어질 때까지 공급받게 될 것이다."

지귀복 : "이사는 (기도처) 안정된 곳으로 피할 길을 주세요."

예수님 : "시간이 없다. 말해야 한다. 지금 양들을 점검해야 한다. (지금) 너무 한가하게 있다. 영혼의 귀함을 모르는 것 같다. 영혼에 사랑이 없다. 목마름이 없다. 자기가 알고 있는 것. 첫 번째 교회는, 혼에 속한 것으로 얼마든지 이끌 수 있다. 자신감이 넘쳐나는 사람이다. 두 번째 교회는, 영혼 사랑이 아니고, 자기의 것을 전염시켜서 바보로 만들고 있다. 세 번째 교회는, 너무나 혼자 하려고 한다. 불을 지펴야 한다. 혼자 해가지고는 교역자들 영성이 침체되어가는 중이다. 너를 안정된 기도처로 인도할 것이다. 많은 사람들이 믿음에서 이탈했다. 끝까지 믿음을 지키는 자는, 첫째 정결한 신부요, 주님의 방법으로 공급받게 될 것이다. 내가 네 몸을 관리할 것이다. 앞으로 4년이라는 시간이 중요하다. 어떤 사람은 지금 지옥 불에서 고통받으면서 외치고 있다. '사람들아, 나는 속았다. 사탄에게. 지금 내가 너희에게 갈 수 있다면 말하고 싶구나. 예수. 예수. 예수님이 답이다.' 그 사람은 이렇게 외치고 있다. 나아가라. 복음의 날개를 달았으니 전진하거라."

[로마서 1:18]

하나님의 진노가 불의로 진리를 막는 사람들의 모든 경건하지 않음과
불의에 대하여 하늘로부터 나타나나니

지귀복 : "철저하게 복음을 전할 수 있도록 준비하게 하소서."

예수님은 말씀하십니다.

"가는 데마다 예수의 이름으로 인을 치라. 앞으로 너를 보는 자는 그 속에서 나를 보게 될 것이다. 앞으로 가정에서 배교가 일어나 이탈된 자들, 고통받는 자들, 그들을 안고 기도해야 한다."

성령으로 (불을 던지는 사역).

답답했던 심령의 문을 여시는 주님.

예수님 : "죄로 인해 억눌린 자들의 상태는 영적 기갈, 이루 말할 수 없는 비참함과 고통, 그것은 아무도 모른다. 본인 밖에는… 그런 답답한 자들을 터치해야 하는데 혼이 너무 누르고 있다. 영이 깨어나라. (새 방언)

숨 쉬는 것, 먹는 것, 소화돼서 나가는 것까지도 하나님의 은혜이다. 진정한 감사가 없는 자, 무뎌진 자, 종교인이 제일 무섭다. 말하는 것까지도 네가 할 수 있는 것은 아무것도 없다."

지귀복 : "주여, 나는 죄인입니다."
예수님 : "죄인은 할 말이 없다.
　　　　　순종 - 죄인되는 작업한다.

불순종 – 의인 되려고 하면 할수록 추락한다.
(영적 답답함은) 말이 많다.
죽을 만큼 힘들다고 고통에서 꺼내줄 자는
아무도 없다. 오직 예수님밖에 (보혈의 피)."

지귀복 : "이것을 알게 해주신 주님 감사드립니다."

매일 같이 강단에서 엎드려라

예수님은 말씀하십니다.

예수님 : "매일같이 강단에서 엎드려라. 기도하는 이들과 함께. 너희의 기도에 달려 있다. 악하고 사나운 영들이 여기서 저기서 들고 일어날 것이다. 아무것도 생각하지 말고 기도만 해라. 너희의 기도는 내가 들을 것이다. 개척은 이곳에서부터 하면 된다. 내가 날마다 너에게 기름을 붓고 있다. 믿음으로, 나의 능력으로 나아가고 행할 때 역사가 일어난다."

지귀복 : "아멘. 주 예수님. 주님을 찬양합니다. 영적 주소와 오늘 현실을 보게 하소서. 주여, 이곳이 말씀의 물댄동산이 되게 하소서. 오! 주여, 감사합니다. 주님만이 나의 전부이십니다."

예수님 : "나는 전능자 만왕의 왕이요, 너희를 구원할 주님이시다. 너는 나를 위해서 일해야 한다."

지귀복 : "예, 주님."

예수님 : "내가 너를 택한 것은 나의 마음에 있는 이야기를 말하기 위해서다. 지식이 부족하면 지식을 줄 것이고, 능력이 부족하면 능력을 줄 것이다. 입술의 권세를 주었은즉 '내 말이 곧 영이요 생명'이라고 한 것처럼 이제는 그 입술로 풀고 매는 역사가 일어난다. 선포하라. 가정마다 가서 마귀는 쫓고 선포하라. 주님을 맞을 준비하라고...

사랑하는 딸아, 나를 팔아 장사하지 말거라. 너무나 울고 회개하여 내가 은사를 주면 다 변질이 되어서 돈 신을 쫓아가는구나. 너는 결코 변질되지 말거라. 많은 사람이 나를 믿고 내 고난에 동참하려는 자는 적고, 자기에게 나타나는 영적인 은사를 가지고 함부로 휘두르는구나. 그렇게 하는 자들은 탐심의 올무에 걸리게 되기 때문이다. 억지로 하다가 자기도 망하고 다른 사람도 망치게 된다."

[야고보서 3:17-18]
17 오직 위로부터 난 지혜는 첫째 성결하고 다음에 화평하고 관용하고 양순하며 긍휼과 선한 열매가 가득하고 편견과 거짓이 없나니 18 화평하게 하는 자들은 화평으로 심어 의의 열매를 거두느니라

[갈라디아서 5:22-23]
22 오직 성령의 열매는 사랑과 희락과 화평과 오래 참음과 자비와 양선과 충성과 23 온유와 절제니 이같은 것을 금지할 법이 없느니라

예수님은 말씀하십니다.

예수님 : "오직 위로부터 내리는 은사는 첫째는 성결하고 화평하며, 빛들의 아버지께서 내리시는 것이기에 조금도 그 속에는 탐심이 없다. 그러나 너희가 그것을 가지고 자기 마음대로 하기 때문에 병이 든단다."

지귀복 : "주님, 그럼 저는 어떻게 해야 하나요?"

예수님 : "그래, 오직 예수 그리스도 나를 이야기 하면 되지. 무엇이 다른 것을 첨가할 필요가 있을까? 너도 가난한 심령이 되지 않으면 나의 소리를 들을 수가 없단다. 항상 가난한 심령이 되어야 하고, 죄인이라는 사실을 잊지 말고 고백하는 삶이 나를 만날 수 있는 것이다."

지귀복 : "예, 주님. 교만한 영들을 제거해 주세요."

예수님 : "기도해주는 것이 부담스럽냐? 네가 하는 것이 아니고 주님이 하는 것인데 너의 힘으로 하려고 하는구나. 지금부터 일어나는 역사는 내가 하는 것이라는 것을 철저하게 깨닫게 될 것이다."

지귀복 : "예, 주님."

예수님 : "너는 없어져야 한다."

지귀복 : "성령님 나를 도우소서. 나의 연약함을 위해 기도해주시는 성령님 찬양하고 경배합니다."

예수님 : "너의 수고하고 무거운 짐을 다 내게 맡겨라."

지귀복 : "예, 주님. 그럴게요."

예수님 : "너의 몸이 약한 것을 안다. 하지만 지금 그를 도와줄 사람이 없다. 그런 사역을 할 사람이 없다. 네가 해야지, 누가 하겠느냐?"

지귀복 : "나 같은 것을 써 주셔서 감사드립니다."

예수님 : "너희 인생이 무엇이냐? 안개와 같은 인생이 아니더냐? 좀 더 깨어 있는 내 백성이 내게 가까이 와서 나의 명령을 받들었으면 좋겠구나. (사랑과 진실을 가지고) 서로서로 섬기면서 함께 왔으면 좋겠구나. 칠흑 같은 어둠 속에서 한 줄기 빛을 발견하고 나아가는 내 백성들의 그 믿음이 좀 더 강해졌으면 좋겠구나. 네가 지금은 좀 적응이 안 되지만, 점차적으로 안정이 될 것이다."

지귀복 : "예, 주님."

예수님 : "딸아, 내 백성들에게 나의 눈물을 전해다오. 나는 너희를 보고 있노라면 너무나 마음이 아파서 견딜 수가 없다. 나를 사랑하는 내 백성이여, 내가 너희를 위해 생명을 버렸다. 너희 그 무서운 죄 때문에 내 생명을 주었다. 나의 피 값으로 산 내 아들아, 나의 음성을 사모하는 너의 마음에 내가 은혜로 채워주고 싶구나. (어떻게 그 은혜를 채워줄까?) 기도하는 자리에 있어야 내가 은혜를 줄 것인데, 내 앞에 나오거라. 내가 너희에게 나의 사랑을 체험하게 할 것이다. 이제는 마음을 비우고, 내 앞에 네가 일대일로 서야 할 날이 가까이 오고 있지 않니? 나의 은혜를 받아야 기도를 할 것인데 그렇게 있으면 어떡하겠니? 나는 너를 너무나 사랑한다. 하지만 너는 나에게 사랑한다고 말하지 않더구나. 나를 찾고 찾으라. 그리하면 만나줄 것이다."

지귀복 : "아멘."

 내 백성아 들으라

예수님은 말씀하십니다.

"내 백성들의 울부짖음을 너는 듣느냐? 내가 곧 가건만, 준비가 되어 있지 않아 이 참담한 심령을 그 누구에게 말할꼬? 아무도 나의 소리를 들으려고 하지 않아. 물밀듯이 이곳저곳으로 흘러가려고만 하지. 진정 기름 준비를 하려고 하지 않고 있구나.

내 백성아, 나의 귀한 백성아. 내 말 좀 들어보렴. 이리 치이고 저리 치이고 피투성이가 된 너희를 볼 때 나의 맘이 참으로 아프다. 이제는 영적으로 깨어서 홀로 서야 할 때가 왔느니라. 오직 예수만이 너희의 전부가 되어야 한다."

[이사야 41:3-8]

3 그가 그들을 쫓아가서 그의 발로 가 보지 못한 길을 안전히 지났나니 4 이 일을 누가 행하였느냐 누가 이루었느냐 누가 처음부터 만대를 불러내었느냐 나 여호와라 처음에도 나요 나중 있을 자에게도 내가 곧 그니라 5 섬들이 보고 두려워하며 땅 끝이 무서워 떨며 함께 모여 와서 6 각기 이웃을 도우며 그 형제에게 이르기를 너는 힘을 내라 하고 7 목공은 금장색을 격려하며 망치로 고르게 하는 자는 메질꾼을 격려하며 이르되 땜질이 잘 된다 하니 그가 못을 단단히 박아 우상을 흔들리지 아니하게 하는도다 8 그러나 나의 종 너 이스라엘아 내가 택한 야곱아 나의 벗 아브라함의 자손아

예수님은 말씀하십니다.

"나의 말에 귀를 기울이는 자여, 내가 네게 명령하노라.
깨어나라. 일어나라.
예수 그리스도의 신부들이여, 나의 귀한 군사들이여, 나아가
라. 나의 복음을 들고 기도하라 모여라.
나의 군사들이여, 마지막 힘을 내서 부르짖고 나의 깃발을 곳
곳에 꽂으라."

주님이 오십니다. 주님이 오십니다. 형제여, 자매여. 깨어 기
도합시다. 우리 주님 오시는 그 발소리를 들으려면 지금 깨어나
야 합니다. 나오세요. 기도하고 성령의 임재 안에 들어갈 수 있
도록 기도합시다.

예수님은 말씀하십니다.

"목이 말라 헐떡이는 내 백성을 보고도 감각이 없는 나의 종들
아. 이제는 더 이상 너희에게는 기회가 없을 것 같구나. 나는 많
은 시간 너희에게 기회를 주었고 지금도 시간을 주고 있다. 하
지만 너희는 아주 귀를 막아 버리는구나. 나는 심히 슬프고 안
타깝도다. 무지한 인생이 되어버린 너희를 볼 때, 마치 바람 앞
에선 촛불과 같구나.

이제 이 민족 안에 참과 거짓이 다 드러나는데 과연 그 참의 시
작은 어디서부터 시작해야 할까? 내가 철장 권세를 가지고 이제

질그릇을 부시듯이 모두다 부셔버릴 것이다.

 내가 사랑하고 택한 나의 종에게 묻고 싶구나. 너는 나의 말에 순종한다면 양들에게 (말씀으로) 기름 준비를 시키라. 말씀의 다림줄을 잡지 않고는 이 모든 것들을 이겨낼 수가 없다. 이제는 교회마다 말씀으로 돌아가서 바른 신앙관을 심어서 나의 거룩한 신부가 될 수 있게 해야 한다.

 내 양들은 어찌 그리 마음이 약한지 너무나 갈급해서 헐떡이고 있다. 그들에게 나의 참 진리의 말씀으로 바르게 세워서 나의 신부로 준비되었으면 좋겠구나.

 그 일을 어디서부터 할꼬? 이곳에서부터 하고 싶구나. 그러면 나의 역사는 이곳에서부터 시작될 것이다. 나의 말에 귀를 기울인다면 너희들의 영혼은 물댄동산이 될 것이다."

 교회를 향해 말씀하십니다

예수님은 말씀하십니다.

"모든 사람들은 말이다. 인간의 사랑에 갈급해 있다. 모두가 다 나를 사랑한다고 말들은 하지만, 모두 다 연민에 빠져 있다. 지극히 통찰력을 가지고 바라보거라. 불쌍해서 내가 볼 수가 없구나. 내 종은 지금은 무엇을 하고 있는 것이냐? 내가 시키는 일을 해야 하지 않겠니? 나는 내 종의 연약함을 보고 있노라면 너무나 짠하고 내 마음이 저려온다.

나의 종아. 내가 네게 할 말은 많지만, 이제 말을 하고 싶지 않구나. 네가 알아서 했으면 좋겠구나. 나의 참된 복음을 전하는 것이 그렇게도 어려운 것이냐? 나는 너에게 많은 능력과 믿음과 영적인 능력을 주었다. 지금도 주고 있다. 어찌해서 못하겠다고 하는 것이냐? 내가 도와주고 있는데 힘이 드느냐?

교회를 나의 영으로 채우라. 바르지 못한 영적인 것들을 제거하는 것도 종이 해야 할 사명이고, 기초를 튼튼하게 하는 것도 종이 해야 할 사명인데 나에게 묻지를 않는구나. 교회를 어지럽게 하는 무리들은 제거하고 준비를 해야 한다. 항상 기도 자리에 있어야 하고, 내 양들 곁에 있어야 한다."

[마태복음 12:22-35]

22 그 때에 귀신 들려 눈 멀고 말 못하는 사람을 데리고 왔거늘 예수께서 고쳐 주시매 그 말 못하는 사람이 말하며 보게 된지라 23 무리가 다 놀라 이르되 이는 다윗의 자손이 아니냐 하니 24 바리새인들은 듣고 이르되 이가 귀신의 왕 바알세불을 힘입지 않고는 귀신을 쫓아내지 못하느니라 하거늘 25 예수께서 그들의 생각을 아시고 이르시되 스스로 분쟁하는 나라마다 황폐하여질 것이요 스스로 분쟁하는 동네나 집마다 서지 못하리라 26 만일 사탄이 사탄을 쫓아내면 스스로 분쟁하는 것이니 그리하고야 어떻게 그의 나라가 서겠느냐 27 또 내가 바알세불을 힘입어 귀신을 쫓아내면 너희의 아들들은 누구를 힘입어 쫓아내느냐 그러므로 그들이 너희의 재판관이 되리라 28 그러나 내가 하나님의 성령을 힘입어 귀신을 쫓아내는 것이면 하나님의 나라가 이미 너희에게 임하였느니라 29 사람이 먼저 강한 자를 결박하지 않고서야 어떻게 그 강한 자의 집에 들어가 그 세간을 강탈하겠느냐 결박한 후에야 그 집을 강탈하리라 30 나와 함께 아니하는 자는 나를 반대하는 자요 나와 함께 모으지 아니하는 자는 헤치는 자니라 31 그러므로 내가 너희에게 이르노니 사람에 대한 모든 죄와 모독은 사하심을 얻되 성령을 모독하는 것은 사하심을 얻지 못하겠고 32 또 누구든지 말로 인자를 거역하면 사하심을 얻되 누구든지 말로 성령을 거역하면 이 세상과 오는 세상에서도 사하심을 얻지 못하리라 33 나무도 좋고 열매도 좋다 하든지 나무도 좋지 않고 열매도 좋지 않다 하든지 하라 그 열매로 나무를 아느니라 34 독사의 자식들아 너희는 악하니 어떻게 선한 말을 할 수 있느냐 이는 마음에 가득한 것을 입으로 말함이라 35 선한 사람은 그 쌓은 선에서 선한 것을 내고 악한 사람은 그 쌓은 악에서 악한 것을 내느니라

예수님은 말씀하십니다.

예수님 : "나의 소리를 외면하지 말고, 항상 귀를 기울이라. 힘
이 없을 때는 성령의 기름을 부을 것이다. 나의 말에
귀를 기울이고 사람의 말에 귀를 기울이지 말거라. 그
러면 주의 영으로 마귀를 제압할 수 있다."

지귀복 : "저는요, 예수님만 계시면 됩니다."

 ## 내게 주신 사명

예수님은 말씀하십니다.

"너는 남편을 의지하지 말고, 너가 기도를 해야 하느니라. 네가
기도하지 않으면, 그 누가 너를 위해 기도하겠느냐? 네가 안일
하고 나태하다면 누가 너를 일으켜 세워 주겠느냐? 너는 정신을
차리고 기도와 말씀 보는 일에 집중을 하거라."

예수님 : "귀복아."
지귀복 : "예, 주님."
예수님 : "너는 나를 만나기 싫은 것이냐? 왜 새벽을 깨우지 못
하느냐? 나와 동행하며 살고 있는 하루가 아니라 한시
라도 함께 하지 않는다면 너는 아무것도 할 수 없느니
라 알겠느냐?"
지귀복 : "예, 주님. 주님 사랑합니다. 제가 주님을 사랑하고 경

외하는 것을 아시는 주님, 저는 주님밖에 없어요. 나를
불쌍히 여겨주세요. 나의 죄를 용서해 주세요."

예수님 : "이 모든 것은 너가 알고 있지 않니? 나를 잃어버려서
는 안 되느니라."

지귀복 : "예, 주님. 용서해 주세요."

예수님 : "사랑하는 나의 신부야. 네가 나의 빛을 입고 열방을
향해 나아갈 것을 나는 믿는다. 강하고 담대하게 전하
거라."

지귀복 : "예, 주님."

예수님 : "(남편에게) 대항하면 결국은 너가 손해를 받을 것이
다. 새벽기도 못 가서, 기도 못 해서, 말씀 못 읽어서,
무엇이 유익이 있느냐? 남편이 어떠한 형태로 다가와
도 사랑하는 말과 마음으로 받아들이라는 것, 너를 위
한 것이다. 너는 남편의 말을 듣거라. 너를 낮추거라.
교만하지 말고, 겸손하게 그렇게 행하길 바란다. 오직
하나님 아버지 앞에 예수 그리스도 앞에 성령님 앞에
영광을 돌릴 수 있는 자세로 하라. 기도 안 하면 교만
이 오고 목이 뻣뻣하고 입에서 헛말이 나오고 마음이
둔해진다. 주님 앞에서만 입을 열거라. 일을 그르치
기 때문이다. 아직도 기도 훈련이 되지 않는다면 어떻
게 사역을 하겠느냐? (부지런해야 하고 게으르지 말거
라.) 시간을 정해서 규칙적인 삶을 살 수 있도록 새벽
기도 1시간 갔다 와서 말씀 읽고, 정오기도, 말씀 읽고
밤기도 경배. 항상 1시에 잠을 잘 수 있도록. 찬양을 틀
고 춤추는 시간 30분~1시간. 운동. 특별한 날 빼고는."

신앙 생활하는 것과 회개는 다릅니다. 주님의 보혈로 내가 깨끗하게 되어서 천국이, 주님이 내 안에 성령으로 임재하는 것입니다. 그로 말미암아 주님이 나를 점령하는 삶이 되는 것입니다. 이 땅에서는 주님께서 점령하셨는가, 마귀가 점령했는가 2가지가 있습니다. 중간은 없습니다. 오직 예수, 오직 보혈, 오직 믿음, 오직 말씀. 기도할 때 진실로 하는 것인지, 습관처럼 하는 것인지, 자기도 알고 주님도 아시고 마귀도 압니다. 진실한 기도로 주님을 모셔 들여야 합니다.

죄를 범한 자의 길은 심히 구부러진다고 하셨고, 그 죄의 보응이 끝날 때까지 주님도 어떻게 해 줄 수가 없다는 것입니다. 주님은 우리에게 능력을 주셨고 그것을 다스리고 누리라고 하셨지만, 그 능력이 소멸된다면 그는 그 능력이 회복되어질 때까지 마귀의 참소에 고통스러운 시간이 지나간다는 것입니다.

어느 대학병원에 갔는데 주님께서 저에게 속삭이듯이 말씀하십니다.

"너는 보느냐? 이 많은 사람들은 피를 흘리면서 수술을 하는데 피 한 방울 없이 내가 너를 치료해 주었지. 너는 완전히 복 받은 것이다."

죄를 제거할려면

[신명기 14:6~16]

6 짐승 중에 굽이 갈라져 쪽발도 되고 새김질도 하는 모든 것은 너희가 먹을 것이니라 7 다만 새김질을 하거나 굽이 갈라진 짐승 중에도 너희가 먹지 못할 것은 이것이니 곧 낙타와 토끼와 사반, 그것들은 새김질은 하나 굽이 갈라지지 아니하였으니 너희에게 부정하고 8 돼지는 굽은 갈라졌으나 새김질을 못하므로 너희에게 부정하니 너희는 이런 것의 고기를 먹지 말 것이며 그 사체도 만지지 말 것이니라 9 물에 있는 모든 것 중에서 이런 것은 너희가 먹을 것이니 지느러미와 비늘 있는 모든 것은 너희가 먹을 것이요 10 지느러미와 비늘이 없는 모든 것은 너희가 먹지 말지니 이는 너희에게 부정함이니라 11 정한 새는 모두 너희가 먹으려니와 12 이런 것은 먹지 못할지니 곧 독수리와 솔개와 물수리와 13 매와 새매와 매의 종류와 14 까마귀 종류와 15 타조와 타흐마스와 갈매기와 새매 종류와 16 올빼미와 부엉이와 흰 올빼미와

1) 죄를 색출해 나가야 합니다

[여호수아 7:16~26]

16 이에 여호수아가 아침 일찍이 일어나서 이스라엘을 그의 지파대로 가까이 나아오게 하였더니 유다 지파가 뽑혔고 17 유다 족속을 가까이 나아오게 하였더니 세라 족속이 뽑혔고 세라 족속의 각 남자를 가까이 나아오게 하였더니 삽디가 뽑혔고 18 삽디의 가족 각 남자를

가까이 나아오게 하였더니 유다 지파 세라의 증손이요 삽디의 손자요 갈미의 아들인 아간이 뽑혔더라 19 그러므로 여호수아가 아간에게 이르되 내 아들아 청하노니 이스라엘의 하나님 여호와께 영광을 돌려 그 앞에 자복하고 네가 행한 일을 내게 알게 하라 그 일을 내게 숨기지 말라 하니 20 아간이 여호수아에게 대답하여 이르되 참으로 나는 이스라엘의 하나님 여호와께 범죄하여 이러이러하게 행하였나이다 21 내가 노략한 물건 중에 시날 산의 아름다운 외투 한 벌과 은 이백 세겔과 그 무게가 오십 세겔 되는 금덩이 하나를 보고 탐내어 가졌나이다 보소서 이제 그 물건들을 내 장막 가운데 땅 속에 감추었는데 은은 그 밑에 있나이다 하더라 22 이에 여호수아가 사자들을 보내매 그의 장막에 달려가 본즉 물건이 그의 장막 안에 감추어져 있는데 은은 그 밑에 있는지라 23 그들이 그것을 장막 가운데서 취하여 여호수아와 이스라엘 모든 자손에게 가지고 오매 그들이 그것을 여호와 앞에 쏟아 놓으니라 24 여호수아가 이스라엘 모든 사람과 더불어 세라의 아들 아간을 잡고 그 은과 그 외투와 그 금덩이와 그의 아들들과 그의 딸들과 그의 소들과 그의 나귀들과 그의 양들과 그의 장막과 그에게 속한 모든 것을 이끌고 아골 골짜기로 가서 25 여호수아가 이르되 네가 어찌하여 우리를 괴롭게 하였느냐 여호와께서 오늘 너를 괴롭게 하시리라 하니 온 이스라엘이 그를 돌로 치고 물건들도 돌로 치고 불사르고 26 그 위에 돌 무더기를 크게 쌓았더니 오늘까지 있더라 여호와께서 그의 맹렬한 진노를 그치시니 그러므로 그 곳 이름을 오늘까지 아골 골짜기라 부르더라

2) 죄를 분별해야 합니다

[로마서 3:19~20]

19 우리가 알거니와 무릇 율법이 말하는 바는 율법 아래에 있는 자들에게 말하는 것이니 이는 모든 입을 막고 온 세상으로 하나님의 심판 아래에 있게 하려 함이라 20 그러므로 율법의 행위로 그의 앞에 의롭다 하심을 얻을 육체가 없나니 율법으로는 죄를 깨달음이니라

3) 죄를 미워해야 합니다

[시편 119:104]

주의 법도들로 말미암아 내가 명철하게 되었으므로 모든 거짓 행위를 미워하나이다

4) 죄의 원인부터 제거해야 합니다

[마태복음 5:23,28]

23 그러므로 예물을 제단에 드리려다가 거기서 네 형제에게 원망들을 만한 일이 있는 것이 생각나거든 28 나는 너희에게 이르노니 음욕을 품고 여자를 보는 자마다 마음에 이미 간음하였느니라

5) 단호해야 합니다

[신명기 13:8]

너는 그를 따르지 말며 듣지 말며 긍휼히 여기지 말며 애석히 여기지 말며 덮어 숨기지 말고

[잠언 1:10]

내 아들아 악한 자가 너를 꾈지라도 따르지 말라

6) 죄의 습관과 환경을 이겨내야 합니다

[신명기 13:6~9]

6 네 어머니의 아들 곧 네 형제나 네 자녀나 네 품의 아내나 너와 생명을 함께 하는 친구가 가만히 너를 꾀어 이르기를 너와 네 조상들이 알지 못하던 다른 신들 7 곧 네 사방을 둘러싸고 있는 민족 혹 네게서 가깝든지 네게서 멀든지 땅 이 끝에서 저 끝까지에 있는 민족의 신들을 우리가 가서 섬기자 할지라도 8 너는 그를 따르지 말며 듣지 말며 긍휼히 여기지 말며 애석히 여기지 말며 덮어 숨기지 말고 9 너는 용서 없이 그를 죽이되 죽일 때에 네가 먼저 그에게 손을 대고 후에 뭇 백성이 손을 대라

7) 적극적으로 죄 된 요소를 극복해야 합니다

[야고보서 4:17]

그러므로 사람이 선을 행할 줄 알고도 행하지 아니하면 죄니라

8) 죄를 벗어버리고 인내해야 합니다

[히브리서 12:1]

이러므로 우리에게 구름 같이 둘러싼 허다한 증인들이 있으니 모든 무거운 것과 얽매이기 쉬운 죄를 벗어 버리고 인내로써 우리 앞에 당한 경주를 하며

마음속으로 생각하는 것은 이미 죄가 됩니다. 온유하고 겸손한 마음과 사랑으로 주님을 드러내야 합니다. 성을 내는 것은 주님을 드러내지 않았다고 하십니다. 밤에 기도하고 피곤해서 새벽에 잠깐 잠자는 사이에 새벽기도 시간을 놓칠 때가 있습니다. 그날은 야단맞는 날이고, 주님께서 "내가 너를 위해서 물과 피를 흘렸는데 그 새벽에 1시간 주의 전에 와서 대화를 할 수 없단 말이냐?" 하실 때 그냥 눈물만 납니다.

천국에는 많은 통이 있습니다.

우리가 찬양하고 기도할 때 우리의 지친 영혼과 육신에 참 평안과 기쁨을 줍니다. 이것은 물이면서 옷이 됩니다.

찬양의 옷 – 보라색

보혈의 옷 – 붉은색

위로의 옷 – 하늘색 빛깔

성령충만의 옷 – 흰색 바탕에 금빛

평강의 옷 – 아이보리색

기쁨의 옷 – 금빛 색깔의 반짝이

희락의 옷 – 흰색 반짝이

진리의 성령의 자유케 하는 옷 – 금빛에 가에 붉은 빛

영혼을 소생케 하는 옷 – 반짝이는 은빛 물결

이러한 옷들은 천국의 강물들이고, 곧 주님이 주시는 능력이고 평안입니다.

[갈라디아서 5:22~23]
22 오직 성령의 열매는 사랑과 희락과 화평과 오래 참음과 자비와 양선과 충성과 23 온유와 절제니 이같은 것을 금지할 법이 없느니라

모든 은사는 성령의 열매, 또한 하나님은 질서의 하나님이시기 때문에 질서대로 순종하는 믿음 안에서 이루어진다는 것입니다.

생명수 강에는 믿음의 나무가 있습니다. 그 나무 위에는 내가 기도하는 영혼, 복음을 전한 자의 그 복음의 씨앗이 생명수 가에 눈물로 그 영혼을 위해서 기도할 때, 나무에 꽃이 피고 열매를 맺고 그 열매, 즉 그 영혼이 구원에 이르게 된다는 것입니다.

우리가 한번 작정하고 기도한 영혼은 끝까지 우리의 눈물의 기도를 통해 주님께서 그 영혼이 소생될 수 있도록 보살피고 계신다는 것입니다. "한 영혼이 천하보다 귀하다"고 말씀하신 주님께서는 항상 그 생명수 강가에서 거닐면서 때로는 눈물을 흘리시고 때로는 바라보시면서 "나의 백성들이 언제나 믿음이 싹터서 열매를 맺을꼬?" 하고 바라보십니다. 우리의 눈물이 헛된 눈물이 아니고, 보석 같은 우리의 눈물을 영혼을 위해서 흘릴 때

죽었던 영혼이 소생된다는 것입니다.

 사랑하는 여러분!

 우리는 실족한 영혼, 믿지 않는 영혼, 믿음이 연약한 영혼을 생각하면서 그 영혼을 위해 눈물로 씨를 뿌립시다. 결코 그에 대한 상급은 주님께 잊음이 되지 않을 것입니다.

 여러분은 이곳에 파송한 하나님의 군사입니다. 군사는 총사령관에 의해 명령에 따라야 합니다. 주의 종이요, 주님이 파송하신 하늘나라의 대사입니다. 주의 종의 마음을 평안케 하는 자는 눈물로 기도하는 것입니다. 그러므로 교회가 든든히 세워가게 되고, 우리의 영혼이 평안하기 위해서는 먼저 내가 속해 있는 교회를 품고서 눈물로 각 기관과 사역자들을 위해서 기도해야 합니다.

나는 알파와 오메가요 처음과 끝이라

예수님은 말씀하십니다.

"내가 이 시간 성령으로 나의 여종을 통해서 너희에게 말하고 있느니라. 나의 사랑하고 귀한 백성들아, 내 말 좀 들어보렴. 나는 너희를 위해서 십자가 위에서 물과 피를 흘려 모든 것을 다 주었단다. 주님은 오실 준비가 다 되었다. 그러나 나의 보혈의 옷을 입지 않는 나의 백성을 볼 때 나의 마음은 아프단다. 회개하고, 지금은 나의 보혈의 옷을 입을 때이니라. 나는 나의 백성들이 보혈의 옷을 입고 그곳에서 나를 기다리기를 원하노라."

[예레미야 22:21]
네가 평안할 때에 내가 네게 말하였으나 네 말이 나는 듣지 아니하리라 하였나니 네가 어려서부터 내 목소리를 청종하지 아니함이 네 습관이라

예수님 : "그 책은 너에게서 떠났고, 이제 그 책은 네가 걱정할 것이 아니고 내가 하느니라. 그 책은 날개를 달고 날아갈 것이다."

지귀복 : "주님 사랑합니다."

예수님 : "나도 너를 사랑하지만, 네가 일을 하기 위해서 이제는 너를 더욱 강하게 할 것이다."

지귀복 : "나의 영과 육을 회복시켜주시니 감사드립니다."

[예레미야 39:18]

내가 반드시 너를 구원할 것인즉 네가 칼에 죽지 아니하고 네가 노략물 같이 네 목숨을 얻을 것이니 이는 네가 나를 믿었음이라 여호와의 말씀이니라 하시더라

예수님은 말씀하십니다.

예수님 : "나의 눈물을 전해다오. 껍데기들을 두려워하지 말고, 영적으로 깨어 있는 자에게는 아무런 문제가 되지 않는다. 나의 영광을 위해 네가 시행하라. 사랑하는 나의 신부야, 내가 다 알아서 한다고 하지 않더냐? 기다려라. 나는 알파와 오메가이니라. 너는 지금 출발이 시작되었느니라. 내 백성들에게 전하거라. 주님은 오실 준비가 다 되었다고."

지귀복 : "아버지 하나님, 주님이 말씀하신 것을 들을 수 있는 귀를 열어주세요."

예수님 : "내가 너의 귀를 열 것이다. 나는 알파와 오메가요, 처음과 끝이라."

🌸 나에게 주신 메시지

예수님은 말씀하십니다.

예수님 : "귀복아."

지귀복 : "예, 주님."

예수님 : "너는 어찌해서 내 말을 안 듣는 것이냐? 나를 울게 하지 말거라."

지귀복 : "죄송해요, 주님. 주님은 좋은 것을 주시는데, 죄악된 습관을 좇아 살려고 하는 이 마음이 저도 싫습니다. 주님, 용서해 주세요."

예수님 : "나의 일을 감당하기 위해서는 너의 몸이 건강해야 되지 않겠니? 맵고 짜고 씁쓸한 음식을 가려서 먹어야 한다. 많은 영혼을 주님께 인도해야 할 터인데, 이렇게 고집스럽게 살면 되겠느냐? 건강을 잘 챙기거라. 나와 함께 일을 해야 하지 않겠니?"

지귀복 : "예, 주님."

예수님 : "내 종을 위해서도 기도해야 한다. 많은 것을 안다고 하지만, 뭘 잘 모르느니라. 네가 품고 가야 된다."

지귀복 : "예, 주님."

예수님 : "다른 것은 다 내가 알아서 할 것이다."

지귀복 : "예, 주님. 이 무지한 죄인을 용서해 주세요. 한없는 사랑을 주신 주님. 주님을 찬양합니다."

예수님 : "다시 한번 옮길 것이다. 그때는 너희가 준비가 된 후란다. 그러나 그리 오래 걸리지는 않는단다. 그래서 기

도로 준비해야 한다. 너에게 강력한 능력을 줄 것이다. 너가 하는 것이 아니고 내가 하는 것이니 조금도 신경 쓸 필요가 없다. 기도만 하거라."

지귀복 : "아버지, 저는 죄인입니다. 이 죄인을 용서해 주세요. 거룩하시고 자비하신 아버지, 주님을 찬양합니다."

예수님 : "내가 너의 아버지인 것은 맞는 것이냐? 내가 진정 너의 아버지, 너의 하나님이란다. 나도 너를 너무너무 사랑하고 축복하노라."

지귀복 : "아멘. 아버지 감사합니다."

예수님 : "항상 겸손하고 긍휼한 맘을 갖거라. 이 사명을 다할 때까지는 너의 몸은 아프지 않는다. 늘 영혼을 사랑하고, 불쌍히 여기고 기도해주거라."

지귀복 : "예, 주님."

예수님 : "너는 인간이기 때문에 늘 십자가 밑에서 나의 긍휼함을 받아야 힘을 얻느니라. 그래서 기도하라고 하는 것이다."

지귀복 : "예, 주님."

[히브리서 9:14]

하물며 영원하신 성령으로 말미암아 흠 없는 자기를 하나님께 드린 그리스도의 피가 어찌 너희 양심을 죽은 행실에서 깨끗하게 하고 살아 계신 하나님을 섬기게 하지 못하겠느냐

 나의 눈물을 전해다오

예수님은 말씀하십니다.

예수님 : "무엇이 두렵냐? 두려운 것이냐? 뜨거운 가슴을 가져야 할 너희가 이렇게 냉냉해지면 되겠느냐? 모든 이들에게 나의 눈물을 전해다오. 내가 너희를 회복케 할 것이다. 내가 그 아이를 치료할 것이다. 눈물이 없는 기도는 하지 말았으면 좋겠구나. 형식적인 기도는 주님을 사랑하는 마음이 없다.

내가 누구냐? 나는 만왕의 왕이요, 만주의 주가 아니냐? 너희가 그렇게 마음이 강퍅해서 어찌 나의 사랑이 흘러가겠느냐? 기름진 옥토에 씨를 뿌려 열매를 맺기를 원했건만, 들포도만 잔뜩 맺었구나. 시고 씁쓸한 그 심령 가지고 나와 사랑을 속삭이며 동행하겠는가? 사랑의 물결 속에서 요동치는 저 파도처럼 형식은 형식일 뿐이고, 더 이상 아름다운 사랑이 싹트지 않는다는 것을 모르는 것이냐? 비가 오고 바람이 불면 '아, 이제는 날씨가 추워지겠구나. 아, 이제는 계절이 바뀌겠구나.' 말하면서 왜 내가 문밖에 있는 것을 알지 못하는 것이냐? 세상의 시간은 흐르고 있고, 나의 시간도 흐르고 있다는 것을 왜 인정하지 않고 있는 것이냐? 주님의 시간이 오고 있음에도 세상의 시간에 맞추어 아무 의미 없이 흘러가는구나. 그 끝은 캄캄한 스올 깊은 곳임에도 불구하고 열심히 그곳을 향해 달려가고 있구

나. 너희의 생명되신 주님이 너의 문 곁에 있다는 사실을 알았으면 좋겠구나. 그렇게 불러도 대답이 없는 나의 신부들이여, 깨어라. 어서 일어나라. 기쁨으로 감격으로 만나자꾸나. 정말 참 기쁨을 마음에 인 같이 새기고 있어야 한다. 조금이라도 거짓과 위선이 있어서는 안 되느니라. 나의 신부들이여, 오직 주님의 사랑, 오직 그 사랑에 매여있거라."

지귀복 : "아멘."

권능의 옷을 입어라

[마가복음 16:17-18]
17 믿는 자들에게는 이런 표적이 따르리니 곧 그들이 내 이름으로 귀신을 쫓아내며 새 방언을 말하며 18 뱀을 집어 올리며 무슨 독을 마실지라도 해를 받지 아니하며 병든 사람에게 손을 얹은즉 나으리라 하시더라

예수님은 말씀하십니다.

예수님 : "나의 권능의 옷을 입으라. 너희가 이 마지막 때를 살아가기 위해서는 나의 보혈의 권능의 옷을 입으라. 이 옷은 나의 능력이요, 힘이라. 내가 마지막 한방울의 피까지 흘렸다. 나의 보혈의 옷이다. 그것은 너희를 향한

나의 사랑이니라. 이 사랑의 옷을 입지 않고서는 이 세
상을 이길 수가 없다. 나의 사랑의 옷을 입기를 바란
다. 오직 나의 사랑의 옷을 입었으면 좋겠구나.”

지귀복 : “아멘.”

[마태복음 6:34]

그러므로 내일 일을 위하여 염려하지 말라 내일 일은 내일이 염려할
것이요 한 날의 괴로움은 그 날로 족하니라

[마태복음 22:37]

예수께서 이르시되 네 마음을 다하고 목숨을 다하고 뜻을 다하여 주
너의 하나님을 사랑하라 하셨으니

예수님은 말씀하십니다.

“지금 어느 때인지 아느냐? 깨어 기도해야 할 때이다.
정말 예민하게 반응을 해야 할 때이다. 믿음으로 행하라.
조금도 의심하지 말고 주가 하심을 믿고 전진하라.
중요한 것은 메시지다. 준비를 얼마만큼 하는가.”

모든 회개에는 본질과 현상이 있다

[말라기 3:13-18]

13 여호와가 이르노라 너희가 완악한 말로 나를 대적하고도 이르기를 우리가 무슨 말로 주를 대적하였나이까 하는도다 14 이는 너희가 말하기를 하나님을 섬기는 것이 헛되니 만군의 여호와 앞에서 그 명령을 지키며 슬프게 행하는 것이 무엇이 유익하리요 15 지금 우리는 교만한 자가 복되다 하며 악을 행하는 자가 번성하며 하나님을 시험하는 자가 화를 면한다 하노라 함이라 16 그 때에 여호와를 경외하는 자들이 피차에 말하매 여호와께서 그것을 분명히 들으시고 여호와를 경외하는 자와 그 이름을 존중히 여기는 자를 위하여 여호와 앞에 있는 기념책에 기록하셨느니라 17 만군의 여호와가 이르노라 나는 내가 정한 날에 그들을 나의 특별한 소유로 삼을 것이요 또 사람이 자기를 섬기는 아들을 아낌 같이 내가 그들을 아끼리니 18 그 때에 너희가 돌아와서 의인과 악인을 분별하고 하나님을 섬기는 자와 섬기지 아니하는 자를 분별하리라

예수님은 말씀하십니다.

"귀복아. 귀복아. 내가 네게 진실로 진실로 이르노니 나는 너의 보호자가 됨이니라. 너를 건드리는 것은 곧 나를 건드리는 것인즉 그가 온전하겠느냐? 염려하지 말고 내가 시키는 훈련이나 잘 받고 간증 준비나 하거라. 평안할지어다."

성령의 기름 부음으로 회개는 현상이 아닌 본질임을 알아야 합니다. 주님께서 나를 준비시키고 계신다고 말하니까 우리 가족은 믿지 않고 있습니다.

성령님의 기름부음으로 천사들과 구름 위에 계신 주님.

보혈의 피로 머리부터 회개하므로 죄 씻음과 권능의 기름부음이 임하였습니다. 주님께서 다시 부르실 날이 다가오고 있습니다. 능력이 소멸되게 하는 것들에는 미움, 시기, 질투, 입술로 판단, 정죄, 믿음 없는 말 등이 있습니다.

주님의 보혈이 흐르고 있네.

"씻으라."

그 놀라우신 보혈의 피가 나의 머리에서 얼굴로 흐르고 있네. 나의 얼굴에 그 보혈이 흐를 때 내 맘속에 뜨거운 눈물의 고백이 시작되어지고, 그 고백 위에 나의 심령은 성령의 기름부음을 받네요.

나는 어느새 기쁨이 샘 솟네. 감사가 넘쳐나네.

나를 위해 보혈의 피를 흘리신 예수님, 주님을 사랑합니다. 경배합니다. 찬양을 받으실 주 예수님.

 붉은 가시관

[이사야 53:5]

그가 찔림은 우리의 허물 때문이요

그가 상함은 우리의 죄악 때문이라

그가 징계를 받으므로 우리는 평화를 누리고

그가 채찍에 맞으므로 우리는 나음을 받았도다

예수님은 말씀하십니다.

예수님 : "너의 생각으로 지은 죄로 내가 얼마나 고통스러웠는지 아느냐?"

지귀복 : "예수님의 얼굴, 나의 머리로 지은 죄로 피 흘리신 예수님 그 얼굴에 나의 얼굴을 대고 고백합니다. 주님 나의 죄를 용서하소서."

예수님 : "너의 몸으로 지은 죄, 창자국이 나의 몸에 찔렸다."

몸에 통증이 일어나는 현상. 몸으로 지은 죄. 마귀는 공격합니다. 주님의 보혈을 의지하고 성령의 기름부음을 받고 계속적인 성령충만이 이어질 때 마귀가 틈타지 않습니다.

● 성령의 바람
● 성령의 생수
● 성령의 불로 치료함

생각을 복잡하게 하는 마귀, 탐식 마귀, 콧병 마귀, 화병 마귀, 혼미한 마귀, 잠마귀, 예수님의 이름으로 말로 쫓아내야 합니다. 그러면 떠납니다. 우리 몸에 진동은 치료를 시키는 것입니다.

내 영과 육이 힘이 없을 때 성령의 기름부음을 간절히 기다리나이다. 주님의 그 크신 은혜와 사랑을 감사드립니다.
나의 무거운 죄의 짐을 주님께 맡깁니다.
나를 회복시키시고 성령으로 기름을 부으소서.

주님의 강한 군사로 부름을 받고 나아갈 수 있는 능력과 영권을 주옵소서. 마귀의 진을 강하게 깨뜨릴 수 있는 예수 그리스도의 능력을 덧입혀 주시사, 오직 예수의 보혈의 피를 외치게 하소서. 성령님 도와주소서.

내 영혼의 무거운 죄의 짐을 벗겨주시고 힘차게 성령으로 솟아나게 하소서. 보혈의 피. 보혈의 피. 보혈의 피.

[에베소서 2:5]
허물로 죽은 우리를 그리스도와 함께 살리셨고
너희는 은혜로 구원을 받은 것이라

주님의 은혜를 깨닫게 하신 주님.
나의 행위에서도 아니요, 힘써 얻은 것도 아니요,
오직 주님의 은혜로 구원함을 얻었습니다.

[시편 119:54]

내가 나그네 된 집에서 주의 율례들이
나의 노래가 되었나이다

주님은 슬픔의 주님이 아니고 기쁨의 주님이시요.
평강의 주님이시요. 위로의 주님이시요.
능력과 사랑의 주님이시요.
보혈의 주님이시요. 생명의 주님이시네.

나를 향한 주님의 놀라우신 계획과 섭리하심이 충만하게 이루어지게 하옵소서. 아멘.

 ## 기쁨의 영

성령 충만함으로 얼굴에 빛이 임함.

예수님은 말씀하십니다.

예수님 : "이제는 슬픈 생각, 우울함, 외로움, 이러한 것들을 버리거라. 지금까지는 주님이 위로의 영이었다면, 이제는 기쁨의 영으로, 성령충만의 영으로 임하실 것이다. 항상 너는 기쁨이 샘솟듯 넘쳐날 것이다. 예전처럼 나의 복음을 들고 다닐 때, 나는 항상 그때를 생각한단다. 그래서 오늘날까지 너를 지키었고, 이제는 더욱 강

한 체험을 주었으니 나의 보혈의 피를 외치라. 나의 백성이 회개할 수 있도록.”

지귀복 : “주님. 저는 너무나 주님 앞에 설 수 없는 죄인인 것을요. 하지만, 죄를 사하실 수 있는 권세를 갖고 계신 주님. 그 주님이 나의 아버지시고, 나를 건지시는 분임을 찬양합니다. 온 만방에 주님이 보내신 곳에 성령 하나님께서 인도해 주실 때 전하겠어요. 나를 사랑하신 주님, 저는요. 항상 죄 때문에 마귀의 공격에 노출되어 살아왔어요. 그러나 이제는 나의 방패가 되시는 주님이 계시니 두렵지 않아요. 이제 후로는 기쁨의 주님, 감사의 주님, 성령충만함으로 주님을 찬양하겠어요. 고마우신 주님, 거룩하시고 자비하신 아버지 하나님, 보혜사 성령 하나님 경배를 받으소서. 아멘.”

예수님은 말씀하십니다.

예수님 : “사랑하는 딸아. 나는 너의 주님이시다. 너의 기도를 내가 들었고 계획하고 있느니라. 간증을 점검하고, 이 주에는 책을 열심히 읽고, 전하는 연습을 하거라. 광주에 있는 그 교회를 통해서 책이 나가게 될 것이다. 너는 다시 책을 재출판하게 될 것이다. 서점으로 책이 나갈 것이고, 그 후부터 다른 곳으로 나가게 될 것이다. 너는 오직 주님의 음성에 귀를 기울이고, 그 어떤 것도 너를 가로막을 수 없다는 것을 알거라. 회개는 계속해야 하느니라. 그래야 주님이 너와 대화를 할 수 있느니라.”

지귀복 : "주님, 감사드립니다. 예수 그리스도의 영이요, 기적의 영이요, 평강의 영이요. 아멘."

(영권) 성령의 임재 성령의 폭발적인 힘

우리의 뱃속의 상자

[사도행전 1:8]

오직 성령이 너희에게 임하시면 너희가 권능을 받고 예루살렘과 온 유대와 사마리아와 땅 끝까지 이르러 내 증인이 되리라 하시니라

예수님의 복음을 알아가는 것에 열심을 내야 합니다.

성령의 불방망이 – 치료하는 영권

성령이 오셨네. 잘못된 성품을 하나님 앞에 회개해야 합니다. 내 안에 무엇이 있는가에 따라 마귀는 공중에서 떠다니다 붙습니다. 감사하고 기뻐하면 감사가 붙습니다.

철저한 회개를 해야 합니다. 내 안에 있는 죄성으로 인해 죄가 붙습니다. 깨끗하면 성령이 역사합니다.

성령의 열매는,

[갈라디아서 5:22-23]
22 오직 성령의 열매는 사랑과 희락과 화평과 오래 참음과 자비와 양선과 충성과 23 온유와 절제니 이같은 것을 금지할 법이 없느니라

새벽은 강한 영적인 무장을 하는 기도 시간입니다. 주님께서는 새벽을 깨우지 않고서는 큰일을 이룰 수가 없고, 축복을 받을 수 없다고 말씀하십니다. 새벽의 기도는 주님이 오시는 소리를 들을 수 있는 기도의 줄기, 영의 귀가 열리는 시간이라고 말씀하십니다.

[누가복음 15:18-20]
18 내가 일어나 아버지께 가서 이르기를 아버지 내가 하늘과 아버지께 죄를 지었사오니 19 지금부터는 아버지의 아들이라 일컬음을 감당하지 못하겠나이다 나를 품꾼의 하나로 보소서 하리라 하고 20 이에 일어나서 아버지께로 돌아가니라 아직도 거리가 먼데 아버지가 그를 보고 측은히 여겨 달려가 목을 안고 입을 맞추니

주님께서 간섭하지 않으시면 지옥에 갈 수밖에 없는 이 죄인을 구원하여 주신 예수님 감사드립니다.

예수님은 말씀하십니다.

"영적으로, 육신적으로 병들어 있는 자를 이끌기 위해서 너를 치료했고, 너에게 능력을 주고 있느니라."

PART 3

이제는 시간이
다 된 것 같구나.

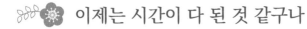# 이제는 시간이 다 된 것 같구나

예수님은 말씀하십니다.

예수님 : "내가 보낸 곳에 가서 외쳐라. 나의 때를. 강하게 회개하라고 외치라. 내가 너에게 갑절의 능력을 줄 것인즉 외치라. 회개의 열풍이 일어날 것이다. 나 예수가 너를 강한 팔과 편 팔로 붙들어 줄 것인즉 너는 외치라. 지금 회개하라고. 지금 성령을 받으라고. 지금 주님을 부르라고. 나는 불꽃 같은 눈동자처럼 너를 지킬 것인즉, 너는 두려워 말고 외치라. 솔로몬과 같은 지혜를 주었고, 다윗과 같은 용맹을 주었고, 엘리야와 같은 갑절의 영감을 주었다. 네가 나의 일을 행할 때 일어날 일들이니라. 너는 이제 결코 두려워하지 않을 것이고, 나 예수만 바라보고 외치게 될 것이다."

지귀복 : "아멘."

예수님 : "나는 알파와 오메가요. 곧 처음과 나중이다. 나는 다윗의 뿌리요, 광명한 새벽별이니라. 내가 나의 일을 행할 때 영안이 활짝 열려 하늘세계를 다 보게 될 것이다. 멈추지 않고 나아갈 것이다. Jesus, 예수님의 보혈의 피를 외치게 될 것이다. 너는 내가 세운 나의 여종이니라. 그 누구의 구속도 그 누구의 간섭도 받을 필요가 없고, 오직 나 예수의 명령만이 준행할 뿐이니라."

지귀복 : "아멘."

주님, 지금 이곳에 있는 주님의 백성들을 위해서 기도합니다. 성령의 바람을 일으켜 주시고, 바람같이 불같이 생수같이 우리의 심령 속에 예수님의 보혈의 강이 넘쳐서 연약한 믿음 세워 주시고, 갖가지 질병을 치료하여 주소서.

[요한복음 14:1-3]

1 너희는 마음에 근심하지 말라 하나님을 믿으니 또 나를 믿으라 2 내 아버지 집에 거할 곳이 많도다 그렇지 않으면 너희에게 일렀으리라 내가 너희를 위하여 거처를 예비하러 가노니 3 가서 너희를 위하여 거처를 예비하면 내가 다시 와서 너희를 내게로 영접하여 나 있는 곳에 너희도 있게 하리라

예수님은 오실 준비가 다 되었다고 말씀하십니다.

"교만, 약함, 음란, 더러운 것, 거짓말, 시기, 질투. 기도할 때마다 예수님의 이름으로 묶으라."

주여, 저를 축복의 통로로 이끌어 주소서.
주여, 제가 하고 싶다고 한 것도 교만입니다.
주님께서 결정하셔서 하신 일이거늘, 저는 다만 문지기입니다. 주님께서 세워주셔야 할 수 있습니다.

[시편 130:5]

나 곧 내 영혼은 여호와를 기다리며 나는 주의 말씀을 바라는도다

예수님은 말씀하십니다.

예수님 : "사랑하는 딸 귀복아. 나는 너가 고쳐야 할 부분을 끊임
없이 말해주고 있지 않니? (그것도 훈련에 속해 있다)"

지귀복 : "주님. 감사드립니다. 저를 불쌍히 여겨주신 주님. 사
람들은 저마다 다 자신감이 넘쳐 보이는데, 왜 저는 그
자신감이 없는 것 같아요. 주님."

예수님 : "그것은 네가 지금 훈련을 받고 있기 때문이고, 아직은
때가 아니니라. 그때가 오고 있다."

지귀복 : "예, 주님."

남편을 사랑할 때 마귀는 떠나갑니다. 처음처럼 사랑해야 합니
다. 주님은 부부에 대한 훈련을 하십니다.

미움을 걷어내는 작업. 마귀는 제거하고, 사랑으로 옥토가 되
게 하십니다. 사람에게 함부로 한 것은 곧 주님을 함부로 한 행
위가 되는 것입니다.

남편이 주의 종이신 경우, 주의 종과의 죄 정리하고, 자녀와의
관계된 죄를 회개해야 합니다.

나를 포기하지 않고서는 그 어떤 변화도 기적도 일어나지 않는
다는 것입니다. 참된 주님의 사랑을 가지고 나가지 않은 것은 모
두가 다 죄입니다.

죄를 깨달음.

예수님은 말씀하십니다.

예수님 : "주님을 사랑하는 진실한 마음으로, 사람의 외모를 보지 말고 심령을 보라. 태도는 주님께 하듯."

지귀복 : "주님, 그토록 흉악한 죄인인 저를 살리시고, 치료하시고, 은혜를 주신 주님. 감사드립니다. 저의 이 흉악한 죄악을 보게 하신 것을 감사드립니다. 무지하고 어리석어서 주님의 마음을 더 아프게만 했어요. 나 같은 죄인을 용서하여 주신 주님 그것을 깨닫지 못한 채 나의 삶만 나의 환경만 탓하고 살았고. 정말 주님이 가까이서 보고 계심을 인식하지 않은 채 내 맘대로 행한 삶이 부끄럽습니다. 이제라도 깨닫게 하신 주님 감사드립니다."

[이사야 45:1-7]

1 여호와께서 그의 기름 부음을 받은 고레스에게 이같이 말씀하시되 내가 그의 오른손을 붙들고 그 앞에 열국을 항복하게 하며 내가 왕들의 허리를 풀어 그 앞에 문들을 열고 성문들이 닫히지 못하게 하리라 2 내가 너보다 앞서 가서 험한 곳을 평탄하게 하며 놋문을 쳐서 부수며 쇠빗장을 꺾고 3 네게 흑암 중의 보화와 은밀한 곳에 숨은 재물을 주어 네 이름을 부르는 자가 나 여호와 이스라엘의 하나님인 줄을 네가 알게 하리라 4 내가 나의 종 야곱, 내가 택한 자 이스라엘을 위하여 네 이름을 불러 너는 나를 알지 못하였을지라도 네게 칭호를 주었노라 5 나는 여호와라 나 외에 다른 이가 없나니 나 밖에 신이 없느니라 너는 나를 알지 못하였을지라도 나는 네 띠를 동일 것이요 6 해 뜨는 곳에서든지 지는 곳에서든지 나 밖에 다른 이가 없는 줄을 알게 하

리라 나는 여호와라 다른 이가 없느니라 7 나는 빛도 짓고 어둠도 창조하며 나는 평안도 짓고 환난도 창조하나니 나는 여호와라 이 모든 일들을 행하는 자니라 하였노라

[요한복음 3:1-5]

1 그런데 바리새인 중에 니고데모라 하는 사람이 있으니 유대인의 지도자라 2 그가 밤에 예수께 와서 이르되 랍비여 우리가 당신은 하나님께로부터 오신 선생인 줄 아나이다 하나님이 함께 하시지 아니하시면 당신이 행하시는 이 표적을 아무도 할 수 없음이니이다 3 예수께서 대답하여 이르시되 진실로 진실로 네게 이르노니 사람이 거듭나지 아니하면 하나님의 나라를 볼 수 없느니라 4 니고데모가 이르되 사람이 늙으면 어떻게 날 수 있사옵나이까 두 번째 모태에 들어갔다가 날 수 있사옵나이까 5 예수께서 대답하시되 진실로 진실로 네게 이르노니 사람이 물과 성령으로 나지 아니하면 하나님의 나라에 들어갈 수 없느니라

요한복음 3장 세 번째 말씀하셨습니다.

"이 말씀은 주님의 신부를 준비하는 문지기의 사명인데 온전히 주님을 나타내는 역할을 하는 것이다."

[시편 130:1-8]

1 여호와여 내가 깊은 곳에서 주께 부르짖었나이다 2 주여 내 소리를 들으시며 나의 부르짖는 소리에 귀를 기울이소서 3 여호와여 주께서 죄악을 지켜보실진대 주여 누가 서리이까 4 그러나 사유하심이 주

께 있음은 주를 경외하게 하심이니이다 5 나 곧 내 영혼은 여호와를 기다리며 나는 주의 말씀을 바라는도다 6 파수꾼이 아침을 기다림보다 내 영혼이 주를 더 기다리나니 참으로 파수꾼이 아침을 기다림보다 더하도다 7 이스라엘아 여호와를 바랄지어다 여호와께서는 인자하심과 풍성한 속량이 있음이라 8 그가 이스라엘을 그의 모든 죄악에서 속량하시리로다

예수님은 말씀하십니다.

예수님 : "귀복아."

지귀복 : "예, 주님."

예수님 : "나갈 준비도 안 하고서 나가려고 하느냐?"

지귀복 : "준비는 주님의 권능을 비춰주시면 준비라고 하셨는데요. 제가 뭘 어떻게 해야 할지 지혜를 주세요. 주님, 저는 아무것도 모릅니다. 주님께서 다 아십니다."

예수님 : "가라. 내가 네게 지시한 곳으로 가서 나의 보혈을 외치라."

지귀복 : "예, 주님."

예수님은 말씀하십니다.

"니고데모에게 내가 설명한 것처럼, 성령으로 행하는 자는 홀연히 일어나느니라. 항상 주님을 전할 준비와 주님을 사랑하고 기다리는 마음과 겸손과 온유함을 갖고, 네 생각과 네 마음이 변화되지 않고는 그 어떤 기도도 바르지가 못하다는 것이지."

[요한복음 3:8]

바람이 임의로 불매 네가 그 소리는 들어도 어디서 와서 어디로 가는
지 알지 못하나니 성령으로 난 사람도 다 그러하니라

정직하고 정한 마음을 주옵소서.

예수님은 말씀하십니다.

예수님 : "귀복아. 너는 결코 변질되지 말거라. 해바라기처럼 나
만 바라보고 나에게 와야 하느니라."

지귀복 : "예, 주님."

예수님 : "얼마나 내가 너를 사랑하는 줄 알겠느냐?"

지귀복 : "예, 주님."

예수님 : "네가 나의 말을 할 때는 정말 기대가 되는구나. 앞으
로 너의 발걸음이 옮겨질 때마다 기적의 역사, 놀라운
주님의 능력이 성령으로 폭포수와 같은 은혜의 집회가
될 것이다. 나는 너를 기대하고 있느니라. 더욱더 열심
히 훈련을 받아서 강하고 담대하게 나의 복음을 나의
보혈의 피를 외치거라. 하루 3번의 기도를 하고, 간증
을 점검하라. 그리고 다시 성령의 기름부음이 임할 것
이고, 셋째 주에 설 것이다. (계속) 책이 나갈 것이다."

구름 저편에 계신 주님의 책을 읽고
묵상중입니다

예수님은 말씀하십니다.

예수님 : "지금은 주님의 훈련을 받고 있는 중이다. 일하지 않은
것 가지고 너무 자책하지 말거라. 지금 가족이 이렇게
있는 것 같아도 조만간 바쁘게 움직일 것이다. 부딪힐
시간이 없을 것이다. 지금 사랑해주고 지금 잘 섬기거
라. 이후로는 바빠져서 시간이 없다는 소리를 할 것이
다. 사랑의 대상은 위로 오직 하나님, 아래로는 남편,
부모와 자녀를 사랑하라. 그 나머지는 불필요한 것들
에 시간을 허비하는 것이다."

지귀복 : "주님, 지금 책을 다시 읽으니 너무나도 귀중한 주님의
말씀이십니다. 주님 감사드립니다."

예수님은 말씀하십니다.

"얼마나 죄에 대한 훈련을 하기 위해서는 이렇게 어렵게 훈련
하는 것이다. 다음 주에 다시 성령의 기름부음이 시작될 것이
다."

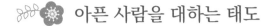 아픈 사람을 대하는 태도

남편은 병원에 입원하게 되었습니다.

그 어떠한 사람을 통해서도 예수님의 모습으로 올 수 있습니다.

[창세기 18:1-15]

1 여호와께서 마므레의 상수리나무들이 있는 곳에서 아브라함에게 나타나시니라 날이 뜨거울 때에 그가 장막 문에 앉아 있다가 2 눈을 들어 본즉 사람 셋이 맞은편에 서 있는지라 그가 그들을 보자 곧 장막 문에서 달려나가 영접하며 몸을 땅에 굽혀 3 이르되 내 주여 내가 주께 은혜를 입었사오면 원하건대 종을 떠나 지나가지 마시옵고 4 물을 조금 가져오게 하사 당신들의 발을 씻으시고 나무 아래에서 쉬소서 5 내가 떡을 조금 가져오리니 당신들의 마음을 상쾌하게 하신 후에 지나가소서 당신들이 종에게 오셨음이니이다 그들이 이르되 네 말대로 그리하라 6 아브라함이 급히 장막으로 가서 사라에게 이르되 속히 고운 가루 세 스아를 가져다가 반죽하여 떡을 만들라 하고 7 아브라함이 또 가축 떼 있는 곳으로 달려가서 기름지고 좋은 송아지를 잡아 하인에게 주니 그가 급히 요리한지라 8 아브라함이 엉긴 젖과 우유와 하인이 요리한 송아지를 가져다가 그들 앞에 차려 놓고 나무 아래에 모셔 서매 그들이 먹으니라 9 그들이 아브라함에게 이르되 네 아내 사라가 어디 있느냐 대답하되 장막에 있나이다 10 그가 이르시되 내년 이맘때 내가 반드시 네게로 돌아오리니 네 아내 사라에게 아들이 있으리라 하시니 사라가 그 뒤 장막 문에서 들었더라 11 아브라

함과 사라는 나이가 많아 늙었고 사라에게는 여성의 생리가 끊어졌는
지라 12 사라가 속으로 웃고 이르되 내가 노쇠하였고 내 주인도 늙었
으니 내게 무슨 즐거움이 있으리요 13 여호와께서 아브라함에게 이
르시되 사라가 왜 웃으며 이르기를 내가 늙었거늘 어떻게 아들을 낳
으리요 하느냐 14 여호와께 능하지 못한 일이 있겠느냐 기한이 이를
때에 내가 네게로 돌아오리니 사라에게 아들이 있으리라 15 사라가
두려워서 부인하여 이르되 내가 웃지 아니하였나이다 이르시되 아니
라 네가 웃었느니라

아픈 사람을 함부로 하는 사람은 회개해야 합니다. 부지 중에
천사를 대접하는 것은 부지중에 주님을 섬기는 것과 같습니다.

[마태복음 25:34-40]

34 그 때에 임금이 그 오른편에 있는 자들에게 이르시되 내 아버지께
복 받을 자들이여 나아와 창세로부터 너희를 위하여 예비된 나라를
상속받으라 35 내가 주릴 때에 너희가 먹을 것을 주었고 목마를 때에
마시게 하였고 나그네 되었을 때에 영접하였고 36 헐벗었을 때에 옷
을 입혔고 병들었을 때에 돌보았고 옥에 갇혔을 때에 와서 보았느니
라 37 이에 의인들이 대답하여 이르되 주여 우리가 어느 때에 주께서
주리신 것을 보고 음식을 대접하였으며 목마르신 것을 보고 마시게
하였나이까 38 어느 때에 나그네 되신 것을 보고 영접하였으며 헐벗
으신 것을 보고 옷 입혔나이까 39 어느 때에 병드신 것이나 옥에 갇
히신 것을 보고 가서 뵈었나이까 하리니 40 임금이 대답하여 이르시
되 내가 진실로 너희에게 이르노니 너희가 여기 내 형제 중에 지극히
작은 자 하나에게 한 것이 곧 내게 한 것이니라 하시고

예수님은 말씀하십니다.

예수님 : "내가 목마를 때 마시게 하였고, 내가 배고플 때 먹을 것을 주었다."

지귀복 : "주님. 저는 지금까지 잘못 살았습니다. 예수님의 말씀대로 살지를 못했습니다. 다 용서해 주소서. 악하고 거짓되고 생명을 함부로 생각한 것, 나의 어리석었던 것을 회개합니다. 용서하여 주옵소서. 수많은 시간 속에 많은 사람을 만났지만, 진정 예수님의 사랑으로 다가가지 못했습니다. 미움, 시기, 악한 것은 드러냈고, 또한 사랑하지 않았던 것을 회개합니다. 용서하여 주옵소서. 주님. 교만과 자만, 거만, 잘못된 것을 주님, 용서하옵소서. 그로 인해서 아이들을 사랑과 온유와 겸손으로 양육하지 못하고, 교만과 나 자신의 자존심만 내세우고 아이들에게 상처만 주고 세상 방식으로 살아왔습니다. 주님 용서하여 주소서. 주님, 세 자녀를 불쌍히 여기시고 믿음을 주소서. 남편 목사님도 불쌍히 여겨주시고, 지금까지 나를 도와주고 감싸주고 함께할 수 있게 주께서 힘을 주신 것 감사드립니다. 더욱 강건함을 주소서. 이제는 온 가족이 오직 예수, 오직 기도, 오직 전도하는 삶으로 인도하여 주소서. 성령이여, 바람같이 불같이 생수같이 역사하옵소서. 아버지, 나의 죄가 이렇게 많은 것을 몰랐습니다. 내가 알지 못한 죄가 너무나 많습니다. 아버지 하나님, 나를 불쌍히 여겨주시니 감사합니다. 성령님, 모두 다 생각나게 하셔서 회개를 할 수 있도록 도와주소서."

예수님은 말씀하십니다.

"너의 염려를 주께 다 맡겨라. 그리하면 그가 이루시고."

[베드로전서 5:7]
너희 염려를 다 주께 맡기라 이는 그가 너희를 돌보심이라

"너의 어머니의 그 헌신적인 삶에서 내가 그에게 살아갈 수 있는 건강을 주고 힘을 주고 있느니라. 일평생의 삶을 볼 때 너무나도 불쌍하고 가여웠느니라.

네가 영적으로 힘들기 때문에 평안하지 못했느니라. 앞으로는 누구든지 너를 방문한 자는 평안함을 얻고 갈 것이다. 죄로 인한 삶의 무게 때문에 짓눌림에서 그 누구를 바라볼 수 있는 여유가 없었다. 그것을 깨닫지도 못하고 늘 불평과 한숨 속에서 살아가는 너를 보는 나의 마음도 심히도 아팠단다.

하지만 지금이라도 그것을 알았으니 얼마나 다행인지 모른다. 내가 이렇게 오래도록 참아 준 것은 너도 다른 이들에게 오래 참는 법을 가르쳐 주기 위함인즉 참고 인내하고 기도하는 습관을 갖거라."

예수님은 말씀하십니다.

예수님 : "사랑하는 나의 딸 귀복아."
지귀복 : "예, 주님."

예수님 : "나는 너를 너무너무 사랑한다. 내가 항상 너를 지켜보고 있고, 너를 향한 계획을 갖고 추진하고 있으며, 너의 주님은 일을 하고 계시는데, 너는 게으르고 나태하면 안 되느니라. 항상 평안한 가운데서 주님께 여쭈어보고, 너의 할 일을 계속할 수 있어야 하느니라.

밤에는 음식을 절제하거라. 탐식이 틈타니 마귀의 욕심이다. 기도의 시간이 줄어들면 안 된다. 말씀 읽는 시간이 없어지면 안 되지. 영적인 은사는 보류했다. 사역할 때 나타날 것이다. 말씀이 나갈 때 크게 나타난다. 로마서 10장을 5번 읽어라."

이제 좀 내 마음이 시원하구나!

예수님은 말씀하십니다.

예수님 : "귀복아."
지귀복 : "예, 주님."
예수님 : "네가 기도 안 한 시간과 기도한 시간, 어느 것이 좋은 것 같으냐?"
지귀복 : "기도하는 시간이 좋습니다. 주님."
예수님 : "그래서 기도는 쉬면 안 되느니라. 나와의 약속이고 사랑이니라. 나는 너의 기도 시간을 기다리고 있느니라. 다른 일에 분주하면서 나와의 시간을 지연시킬 때 나

는 기쁘지가 않았다.”

지귀복 : “예, 주님. 잘 알겠습니다. 주님과의 기도 시간을 잘 지키고 주님 말씀에 순종하겠나이다.”

예수님 : “이제 좀 내 마음이 시원하구나. 주 예수 그리스도의 능력 안에서 너는 할 수 있느니라. 모두 다 천국에 이를 수 있도록 믿음으로 나아갈 수 있게 하라.”

지귀복 : “오직 주님이 하시오면 능치 못할 것이 없나이다. 주여, 이 문지기는 주님의 능력을 믿나이다. 주님의 역사와 기적을 믿나이다. 고치시고, 치료하시고, 온전케 하소서.”

예수님 : “내가 준 훈련을 통과해야 하느니라. 낮아지거라. 온전히 낮아지거라. 그 누구를 통해서 너에게 갈지 모른다. 식사를 대접할 때는 정성껏, 말을 할 때는 진심으로, 행동을 할 때는 겸손하게, 그리고 너의 마음이 답답하면 주님도 답답하다는 것이다. 방언이 잘 안 되는 것은 성령께서 역사하지 않는다는 것이다. 인간의 어리석음이 머리와 가슴에 있다는 것이다. 히브리서 11장 두 번째 믿음장을 읽고, 믿음의 은사를 받게 될 것이다.”

지귀복 : “주님을 찬양합니다. 주님을 알아가는 것이 나의 힘입니다.”

예수님 : “그 많은 세월 동안 내가 너를 참아주었고 기다려 주지 않았느냐? 신명기 12장을 읽거라. 갖가지 은사와 은혜를 지금 너에게 부어주고 있느니라. 이 모든 것들이 나의 일을 행할 때 말씀의 도구들이 될 것이다.”

예수님은 말씀하십니다.

예수님 : "귀복아."

지귀복 : "예, 주님."

예수님 : "나는 너의 주님이시다. 내가 네게 능력을 부어 주기 위해서 한 끼만 먹으라고 했는데 그것을 어길려고 하느냐? 마음을 비우거라. 탐식, 탐욕 끊임없이 너를 넘어뜨리려는 것이 오고 있지만, 결코 내게 가까이 오지 못하느니라. 내가 너를 지키고 있기 때문이다. 성전에 예배 후 기도 시간에 내가 너에게 성부와 성자와 성령의 이름으로 기름을 부을 것이다. 주님의 사랑과 은혜가 충만할지어다."

지귀복 : "아멘."

예수님 : "지금은 네가 힘이 없는 것 같아 보이나, 조만간 나의 능력이 덧입혀져서 강력한 주의 권능이 너를 덮을 것이다. 누가복음의 행한 기적들이 너를 통해서 나타나게 될 것이고, 주께서 너를 통해서 역사할 것이다."

[누가복음 4:31-40]

31 갈릴리의 가버나움 동네에 내려오사 안식일에 가르치시매 32 그들이 그 가르치심에 놀라니 이는 그 말씀이 권위가 있음이러라 33 회당에 더러운 귀신 들린 사람이 있어 크게 소리 질러 이르되 34 아 나사렛 예수여 우리가 당신과 무슨 상관이 있나이까 우리를 멸하러 왔나이까 나는 당신이 누구인 줄 아노니 하나님의 거룩한 자니이다 35 예수께서 꾸짖어 이르시되 잠잠하고 그 사람에게서 나오라 하시니 귀신이 그 사람을 무리 중에 넘어뜨리고 나오되 그 사람은 상하지 아니한지라 36 다 놀라 서로 말하여 이르되 이 어떠한 말씀인고 권위와 능력으로 더러운 귀신을 명하매 나가는도다 하더라 37 이에 예수의

소문이 그 근처 사방에 퍼지니라 38 예수께서 일어나 회당에서 나가사 시몬의 집에 들어가시니 시몬의 장모가 중한 열병을 앓고 있는지라 사람들이 그를 위하여 예수께 구하니 39 예수께서 가까이 서서 열병을 꾸짖으신대 병이 떠나고 여자가 곧 일어나 그들에게 수종드니라 40 해 질 무렵에 사람들이 온갖 병자들을 데리고 나아오매 예수께서 일일이 그 위에 손을 얹으사 고치시니

[누가복음 5:31-32]

31 예수께서 대답하여 이르시되 건강한 자에게는 의사가 쓸 데 없고 병든 자에게라야 쓸 데 있나니 32 내가 의인을 부르러 온 것이 아니요 죄인을 불러 회개시키러 왔노라

사단의 시험, 자기 과시, 끊임없이 나를 짓눌리는 마귀의 세력, 예수님의 이름으로 물러가라! 아멘.

내 마음이 연약해져서 답답해할 때 말씀으로 인도하시는 주님, 흔들리는 나의 마음에 성령으로 인도하소서.

예수님은 말씀하십니다.

"왜 성경에 불법이 나오고, 회칠한 무덤이 나오는 줄 아느냐? 은혜를 알면서도 죄를 범하면, 회개하기가 너무너무 힘들기 때문에 책망하는 것이다."

교회를 세우고 설립 예배 드리는 날

예수님은 말씀하십니다.

예수님 : "너와 너의 딸의 눈물로 세워진 제단이다. 내가 진주를 치료할 것이다. 어떻게 생수의 강물이 터지는가 보거라. 내가 모든 것을 회복할 것이다. 나는 알파와 오메가요, 처음과 끝이라."

지귀복 : "예, 주님. 진주는 주님의 자녀입니다."

예수님 : "이제 이곳의 단은 책에 나온 것처럼 포도밭 교회가 세워졌다. 오늘부터 한 주간 말씀 읽고, 기도하고 복음을 전파하라"

지귀복 : "주님께서 이루셨습니다. 주님 감사와 경배를 드립니다."

예수님은 말씀하십니다.

"그동안 수고했다. 이제 내가 일꾼을 보낼 것이다. 너는 열심을 품고 복음을 전하거라. 이 모든 것은 내가 다 계획한 것이고, 행한 것임을 기억하라. 더욱더 갑절의 능력과 영감이 있을 것이다. 내가 능력을 주리라. (성령의 불)."

오늘은 딸 진주의 병원에 갔다 왔습니다.

"주님. 너무나 지쳐있는 진주를 보고 왔어요. 한없이 흐르는 진주의 눈물 속에서 그동안 수많은 시간 속에 율법에 갇혀 살아 온 연약한 진주가 병이 나 있어요.

지금이라도 기회를 주셔서 관심과 은혜를 주신 주님.

주님, 온 가족을 지옥으로 끌고 갈려는 올무를 걸었던 사탄 원수 마귀를 결박하시고, 새로운 창조의 시작을 알리신 주님. 주님의 그 위대하심에 찬양과 경배를 드립니다. 이 가정을 주님의 가정으로 회복시켜 주소서. 무너진 예배의 단을 세워 주소서. 진주를 치료해주시고, 진선, 효진 이 아이들 속에 있는 상처가 주님의 보혈의 피로 치료되게 하소서.

화평케 하시는 주님, 사랑이 충만케 하소서. 나 아무것도 할 수 없고 무력했으나, 이제 주님은 나의 보호자가 되셨으니 내게 능력 주심 안에서 행할 수 있게 하소서. 모든 것이 희미해지는 진주가 회복되어지는 것을 볼 때 주님의 그 위대하신 능력 앞에 무릎을 꿇습니다."

 네가 사랑해야 할 남편

예수님은 말씀하십니다.

예수님 : "부부가 마지막 순간까지 최선을 다해서 섬기는 자세가 가장 기억에 남는단다. 사랑하거라."

지귀복 : "이 땅에서의 삶은 사는 동안 불평하지 않게 하시고, 최
선을 다하게 하소서."

[요한계시록 7:17]

이는 보좌 가운데에 계신 어린 양이 그들의 목자가 되사 생명수 샘으
로 인도하시고 하나님께서 그들의 눈에서 모든 눈물을 씻어 주실 것
임이라

예수님은 말씀하십니다.

"성령이 임하지 않으시면 아무것도 아니란다. 하찮은 쓸모없는
인생을 부르시고, 치료하시고, 역사하시는 그 주님 앞에 겸손하
라. 함부로 입을 열지 말거라. 믿음 없는 말, 거짓된 것, 농담 식
으로 말하는 것을 원하지 않는단다. 나는 빛이다. 산 위의 동네
가 숨겨지지 않고, 등불이 등경 위에 있는 것처럼 집안 모든 사
람에게 비춰야 하느니라. 너의 행실과 말들은 다른 이들이 듣고
있음을 깨달으라. 긍정적이고 적극적이고 창조적인 말과 언어
와 믿음의 말. 불평은 NO! 조급함 NO! 인내, 사랑하고, 존경하
고, 세월을 아끼라."

[베드로전서 5:6-10]

6 그러므로 하나님의 능하신 손 아래에서 겸손하라 때가 되면 너희를
높이시리라 7 너희 염려를 다 주께 맡기라 이는 그가 너희를 돌보심
이라 8 근신하라 깨어라 너희 대적 마귀가 우는 사자 같이 두루 다니
며 삼킬 자를 찾나니 9 너희는 믿음을 굳건하게 하여 그를 대적하라

이는 세상에 있는 너희 형제들도 동일한 고난을 당하는 줄을 앎이라 10 모든 은혜의 하나님 곧 그리스도 안에서 너희를 부르사 자기의 영원한 영광에 들어가게 하신 이가 잠깐 고난을 당한 너희를 친히 온전하게 하시며 굳건하게 하시며 강하게 하시며 터를 견고하게 하시리라

지난 죄 회개

예수님은 말씀하십니다.

"세상의 부를 얻으려고 하지 말아라. '이것도 저것도 해주시겠지' 하는 생각도 버리라. 겸손함으로 가는 길이다. 나타내려고 하지 말라. 주님이 시키신 대로 나아가거라.

첫째, 새벽을 깨우지 못한 것.

둘째, 입술로 범죄한 것, 거짓 것, 교만.

셋째, 안일하고 나태한 것, 탐심, 주님의 훈련을 받는 것과 쉬는 것, 육적인 삶과 영적인 삶. 어느 것이 편한가 보라."

[에베소서 4:22-23]
22 너희는 유혹의 욕심을 따라 썩어져 가는 구습을 따르는 옛 사람을 벗어 버리고 23 오직 너희의 심령이 새롭게 되어

예수님은 말씀하십니다.

"지금껏 머리를 정리하는 훈련을 했었노라. 말씀 훈련이 시작된다. 하루 중 말씀을 읽을 때 나를 만날 것이고, 그 말씀을 읽을 때 통곡할 것이다. 나갈 때는 말씀을 들을 것이고, 하루 종일 말씀과 함께 할 것이다. 내가 이것을 깨닫게 했노라."

[예레미야 3:11-12]
11 여호와께서 내게 이르시되 배역한 이스라엘은 반역한 유다보다 자신이 더 의로움이 나타났나니 12 너는 가서 북을 향하여 이 말을 선포하여 이르라 여호와께서 이르시되 배역한 이스라엘아 돌아오라 나의 노한 얼굴을 너희에게로 향하지 아니하리라 나는 긍휼이 있는 자라 노를 한없이 품지 아니하느니라 여호와의 말씀이니라

주님의 계획과 기도의 영역

예수님은 말씀하십니다.

"기도의 영역과 영권의 기름을 부으라."

주님의 말씀은 곧 능력이십니다. 내가 하는 것이 아니고 주님의 능력으로 행하게 하십니다.

예수님은 말씀하십니다.

예수님 : "너의 마음은 바다와 같이 너의 마음은 강물과 같이 넓어질 것이고, 네 믿음과 담력은 반석 위에 세운 집처럼 강하고 담대하리라." "너를 밀치려고 하는 세력은 그들이 반석 위에 받쳐서 떨어지리라. 나는 너를 굳세게 할 것인즉 너를 견고하게 하여서 만방에 나의 복음을 들고 나아갈 수 있게 할 것이다."

"나는 또 알파와 오메가요, 처음과 끝이라. 나 예수는 광명한 새벽별이니라. 딸아, 두려워 말고 믿기만 하라."

지귀복 : "아멘."

예수님 : "내가 네게 물권을 주리라."

알파와 오메가가 되신 예수 그리스도께서 말씀하십니다.

예수님 : "내가 지금 결정했노라. 내가 네게 물권을 주리라. 두려워 말고 믿기만 하라. 사람이 감히 상상할 수 없는 물권을 부어줄 것이다. 나의 영광을 위해서 실행하고 행하라. 모든 영광을 하나님께 돌려라."

지귀복 : "아멘."

예수님 : "첫째는 교만하지 말거라.
둘째는 겸손하거라.
셋째는 주님의 영광을 위해서 사용하거라.
넷째는 항상 구제하는 자가 되거라.
다섯 번째는 선교를 가장 우선으로 하거라.

여섯 번째는 교회를 세우는 데 힘쓰라.

일곱 번째는 사명자를 키우라.

여덟 번째는 항상 가르치고 권면하고
사랑으로 다스리라.

아홉 번째는 다투지 말고, 예, 아니오로 하라.
기도로 맡기라. 주가 시행하리라.

열 번째는 복음을 전파하면서 베풀어라.
앞으로 나아갈 것은 회개하고 기다려라."

예수님은 말씀하십니다.

예수님 : "지구를 발로 밟고 있는 자여, 내가 네게 이르노니 나의 참 복음을 들고 나아가라. 열방이 너를 기다린다. 네가 나의 말씀의 능력으로 열방을 질그릇같이 깨뜨리리라. 역사는 이 나라와 교회로부터 시작될 것이다."

지귀복 : "아멘."

[누가복음 12:49]

내가 불을 땅에 던지러 왔노니 이 불이 이미 붙었으면 내가 무엇을 원하리요

말할 수 없는 육신의 질병의 고통 속에서 회개의 문을 열어주신 주님, 내 몸을 새털같이 가볍게 하시니 감사합니다.

"모든 마귀는 예수 그리스도의 이름으로 묶으라!"

죄가 주장하지 못하도록 늘 성령이 충만한 삶을 사는 것.

예수님은 말씀하십니다.

예수님 : "죄는 다시는 범치 말거라."
"천사 관유 기름을 부으라."
"생기를 부으라."
"생명수 물을 부으라."
"영권, 주님의 권능을 부으라."
"능력을 행할 수 있는 능력을 부으라."
"입술을 통해서 일으키는 능력을 부으라."
"갑절의 영감을 부으라."
"말할 수 없는 주님의 사랑을 부으라."
"크신 하나님 아버지의 은혜와 자비하심을 부으라."
"성령님의 갑절의 영감을 부으라."
"지혜와 지식을 충만케 부으라."
"믿음을 부으라."
"천사를 파송할 수 있는 기름을 부으라."
"하늘 군대를 움직일 수 있는 기름을 부으라."
"사랑의 은사를 부으라."
"나 예수는 교회의 머리요, 광명한 새벽별이니라.
내가 지금 네게 성부와 성자와 성령의 이름으로
기름을 붓노라."

지귀복 : "아멘."

예수님 : "지구를 천천히 밟아가거라. 예수 그리스도의 피로 물들이거라. 나의 복음으로 정복하라. 이제 새로운 몸이 되었느니라. 깃털같이 가벼운 신령한 몸이 되었느니라. 내가 그랬듯이 기도와 말씀으로 안식을 삼으라."

지귀복 : "아멘."

성령의 전신갑주

예수님은 말씀하십니다.

예수님 : "너는 나를 부인하지 않겠니?"
지귀복 : "예, 주님."
예수님 : "너는 내가 하라는 대로 하겠니?"
지귀복 : "예, 주님."
예수님 : "너는 어떤 탐심도 갖지 않겠니?"
지귀복 : "예, 주님."
예수님 : "너를 향해 나가는 축복들을 오직 주님을 위해서 사용하겠니?"
지귀복 : "예, 주님."
예수님 : "내가 너에게 다시 한번 강조하기 위해서 너의 육체의 힘든 부분을 통해서 깨닫게 하는 것이니 두려워하지 말거라."
"나는 많은 사람들에게 은혜와 능력을 주어서 사용했지만, 내 마음에 합한 자가 그리 많지가 않구나. 조금만 자기 위치가 높아지면 그렇게들 변하는 것이냐? 너만큼은 그렇게 변하지 않았으면 한다. 나를 외롭게 하지 말아다오. 많은 영혼들이 마귀의 밥이 되어서 저 지

옥을 향해 떠내려가고 있는 이 때에 내가 너를 부른 것은 인생의 힘든 삶을 살아본 네가 과연 어떻게 할 것인가를 생각하지 않은 것은 아니지만, 그래도 나를 향한 너의 그 사랑이 이 모든 것을 덮을 수 있는 믿음 가운데서 너를 불러 세웠노라. 믿음으로 행하고 조금도 의심하지 말거라."

네가 아프고 고통스러워할 때

예수님은 말씀하십니다.

예수님 : "그 어떤 사람이 너를 바라보아 주겠느냐? 오직 너를 사랑한 것은 나이니라."

지귀복 : "주님 사랑합니다. 나의 주님 경배합니다."

예수님 : "귀복아. 얼마나 너는 나를 사랑해야 하는지 알겠느냐? 사람들은 너를 배척해도 나는 항상 너에게 은혜를 부어주었고, 지금도 너를 사랑하느니라. 알겠느냐? 그러니 다른 생각을 품지 말거라. 내가 말했지 않니? 항상 겸손하게, 불쌍하게 여기고 기도해주는 것이 네가 주님 앞에 할 일이니라. 너의 사명을 망각하지 말거라. 눈에 보이는 인간의 모습만 보고 생각하고 행동하면 어리석은 자가 되느니라. 언제 어디서나 내가 너를 불꽃 같은 눈동자처럼 지켜보고 있음을 기억하고 행하

길 바란다."

지귀복 : "주님, 감사드립니다."

예수님 : "이제 이후로는 그러한 생각이 사라질 것이고, 불쌍히 여기는 마음이 들 것이다. 기도하거라."

예수님은 말씀하십니다.

예수님 : "항상 지금처럼 처음 신앙처럼 전하길 바란다. 너는 가슴이 조마조마하지 않을 것이고, 나의 능력을 덧입혀 줄 것이니 두려워하지 말거라. 그 어느 때보다도 강하게 담대하게 나의 말을 전하게 될 것이다. 사랑하는 나의 신부야, 내 아버지와 나는 너를 바라보고 기뻐하노라."

지귀복 : "저와 같은 자를 사랑해주신 주님, 감사와 경배를 드립니다. 수많은 시간 세월 속에서 이 죄인을 버리지 않으시고 불러주신 주님, 감사와 경배를 드립니다. 믿음으로 행하게 하시고, 오직 예수, 오직 믿음, 오직 말씀."

 나는 너를 사랑하고 지키느니라

예수님은 말씀하십니다.

"나는 너를 항상 사랑하고 지켰느니라. 네가 힘들 때도 무슨 생각을 할 때도 어디를 갈 때도 항상 너를 바라보고 있느니라. 이제는 두려워하지 말고, 염려도 하지 말고, 애써 힘써 행하지 말고 있는 그대로 내 안에 거하라. 나는 너의 보호자가 됨이니라."

[디모데후서 4:7]
나는 선한 싸움을 싸우고 나의 달려갈 길을 마치고
믿음을 지켰으니

죄는 자유함을 묶는다.

풀어놓아 다니게 하라. 풀리는 역사.
예수님의 말씀이 풀리게 하신다.
예수님 앞에 나오면 영적 자유가 있다.
영과 육이 회복됩니다.

[요한계시록 22:1]
또 그가 수정 같이 맑은 생명수의 강을 내게 보이니
하나님과 및 어린 양의 보좌로부터 나와서

예수님은 말씀하십니다.

예수님 : "나를 향한 너의 사랑이 깊어져서 나는 참 기쁘구나. 그 사랑 위에 나의 집을 짓기를 원하노라. 굳건한 집을 지어서 모든 이들이 그곳에서 평안히 쉬었으면 좋겠구나."
지귀복 : "주님, 저 같은 부족한 자가 어찌 무엇을 할 수 있으리오."

예수님 : "내가 너를 도와주면 되지 않겠니? 나를 의지하거라. 나를 의지하는 자는 그 무엇도 다 할 수 있게 되느니라."

예수님은 말씀하십니다.

예수님 : "귀복아."

지귀복 : "예, 주님."

예수님 : "너는 어째서 그렇게 눈물이 나오는 것이냐?"

지귀복 : "주님, 저는요. 주님이 너무 좋아서 그래요. 너무나 고맙고 감사해서 그래요. 저는 주님만 생각하면 그냥 눈물이 흐릅니다. 너무나 어리석은 인생을 살아온 것도 후회되고요. 바르게 주님의 뜻을 헤아리지 못한 것도 민망스럽구요. 항상 주님을 믿으면서도 주님의 그 깊으신 사랑을 깨닫지도 못하고 인간의 어리석음을 나타내 보인 것이 너무나 무지한 인생이었음을 깨달으니 눈물이 흐르네요. 주님은 너무나도 깊으시고 놀라우신 은혜를 갖고 계시는데 그 주님의 마음을 헤아리지 못한 채 어린 아이처럼 칭얼대는 나의 모습이 부끄럽습니다. 주님."

예수님 : "사람들이 먹고 마시고 웃고 뛰놀 때, 너는 영혼을 위해서 울어야 하느니라. 그것이 나와 함께 가는 길이다. 그래도 할 수 있겠니?"

지귀복 : "주님, 저를 다 아시는 주님. 제가 무슨 말씀을 하오리까?"

예수님 : "인간은 생각이 짧고, 말의 실수가 많고, 허물이 많으

므로, 무엇 한 가지도 똑바로 이루어 나갈 수 있는 힘이 없느니라. 모든 것은 아버지 하나님의 보살핌이 없이는 살아갈 수가 없게 되어 있지만, 자기 고집과 아집대로 살라고 발버둥치는 인간을 바라볼 때 그 영혼이 불쌍하기가 그지 없구나. 그래도 나는 그들을 위해서 물과 피를 다 쏟아부어 주었으니 나의 백성이 맞지 않니? 과연, 나의 백성이거늘 마귀의 종이 되어서 살아가고 있는 그들의 습성을 볼 때 내 마음은 아프고 또 저리구나. 이제는 시간이 다 되어가는 것 같구나. 하늘과 모든 땅의 권세가 드러날 때가 심히도 가까이 와 있다는 것을 깨달은 자는 깨닫고 있을 것이다. 지금은 성령께서 이 일들을 하고 계신단다. 내가 너를 부른 것도 그 일에 일부분을 말하고 있는 것이다. 지금은 성령께서 폭발적인 은사를 일으키고 있는 시기이므로 누구든지 이러한 일들을 보고 있다면 깨달을 것이다. 깨달은 자는 자신을 점검하고 내 이웃과 벗들에게 알려야 하리라. 지금 천군 천사들이 대기하고 있다고. 많은 사람들이 일어나 외치게 될 것이다. 나는 모든 준비가 되어 있느니라. 나의 때를 기다리는 자는 참으로 복이 있는 자로다. 그들을 가장 아름다운 것으로 채워주리라."

나의 힘이 되신 여호와여 내가
주를 사랑합니다

[시편 18:1~2]
1 나의 힘이신 여호와여 내가 주를 사랑하나이다 2 여호와는 나의 반석이시요 나의 요새시오 나를 건지시는 이시요 나의 하나님이시오 내가 그 안에 피할 나의 바위시요 나의 방패시오 나의 구원의 뿔이시요 나의 산성이시로다

예수님은 말씀하십니다.

예수님 : "나는 너의 힘과 방패가 되나니 범사에 헤아려 좋은 것은 취하고 악은 모든 모양이라도 버리라."
지귀복 : "아멘."
예수님 : "인생의 마른 막대기와 같은 삶 속에 나를 바라는 자는 안연히 행하겠고 그 발이 돌에 부딪치지 않을 것이며 나의 사랑 안에서 영원토록 거하리로다."
지귀복 : "아멘. 내 의의 하나님이여, 내가 부를 때에 응답하셨사오니 나를 긍휼히 여기소서."

예수님은 말씀하십니다.

예수님 : "너는 나의 희망의 빛에 거하라. 나를 의지하고 나를 바라보고 나에게 영광을 돌릴찌어다. 네가 눈을 뜨고 나를 부른 것은 나의 사랑의 단비가 내리고, 나의 사랑이

솟아남이여. 네가 눈을 뜨고 나를 갈망하는 것은 나의 사랑 안에 거하기 때문인 것을."

지귀복 : "내 영혼아, 깨어라. 주를 향한 열정이 더욱더 뜨겁게 타오르는 성령의 불꽃처럼 나의 사모하는 주님 곁에 영원토록 머무르는 그날까지 오늘도 나는 전진하리라."

주님은 오늘 비밀의 상자를 열어주십니다. 그곳에서 한 개의 비밀을 꺼냈습니다. 그것은 바로, "내게 구하라. 내가 열방을 (주리라)."

[시편 2:8]
내게 구하라 내가 이방 나라를 네 유업으로 주리니
네 소유가 땅 끝까지 이르리로다

그 말씀의 비밀이 지닌 말씀은 곧 나의 말씀이 되었고, 기도로 주님께 접수를 하게 되고 주님 손에 올려지면 그 말씀은 곧 역사요 기적이요 능력이 되기 때문입니다. 그 말씀은 나의 인생의 최고의 가치 있는 일을 행하게 되는 열쇠이기도 합니다. 많은 사람들이 그것을 얻지 못하고 누리지도 못한 것은 인내하지 못하고 조급하기 때문에 그렇습니다. 믿음으로 구하고 조금도 의심하지 말아야 하고 기다리는 믿음은 모든 것을 받을 수 있고 누릴 수 있으며 전할 수 있다는 것입니다. 비옥한 땅에 비가 내려 촉촉해지듯이 내 영혼에 단비로 촉촉이 적시는 주의 은혜가 오늘도 내려지기를 기다리는 신앙 위에, 조급한 마음을 비우고 사랑의 그 주님과 동행하는 삶은 어떨까요?

 ## 하나하나 정리를 할 것이다

예수님은 말씀하십니다.

"너의 문제를 하나하나 정리를 할 것이다. 또한 주님의 능력을 덧입을 날이 가까이 오고 있다."

 ## 호흡까지 나와 맞추어야 한다

예수님은 말씀하십니다.

예수님 : "너의 마음대로 살으니 어떠하냐? 호흡까지 나와 맞추어야 한다 했는데, 너는 얼마나 하루 동안 나를 인정하고 모셔드리느냐?"

지귀복 : "내 맘대로, 내 정한 대로, 나의 의지 대로 행하였습니다."

예수님 : "나의 보혈을 외쳐야 할 네가 뜨뜨미지근한 심령을 가지고 어찌 외치겠느냐? 너의 심령에서 나의 보혈이 흘러내려야 한다. 그러기 위해서는 회개의 영이 임하여

야 하느니라."

지귀복 : "예, 주님 맞습니다."

예수님 : "날마다 성령의 기름부음이 임하여야 하니라. 보혈의 피, 보혈의 피. 나의 보혈의 피를 외치라. 성령의 기름부음이 없으면 마귀가 너를 곤고케 해서 기도를 못하게 하느니라. 묶으라."

지귀복 : "나의 머리에서, 나의 맘에서, 생각에서 오는 잘못된 것들을 주님의 보혈로 씻겨주시고 정직한 영을 새롭게 하소서. 성령님 깨닫게 하소서. 예수님 보혈을 외칠 수 있도록 나를 이끌어주소서. 성령님 도우시고 인도하시고, 오직 예수님의 보혈의 피, 보혈의 피를 외치게 하소서. 나는 할 수 없으나 주님이 나를 세워 주시니 할 수 있나이다."

예수님 : "성을 내지 말라. 너에게 유익이 없느니라. 성령충만을 미루면, 회개를 미루면 믿음이 뱃속 깊은 곳으로 가라앉는다. 현상이 드러난다. 그 믿음을 끌어올리기 위해서는 회개하고 다시 성령의 충만을 받아 철저하게 날마다 충만함을 유지해야 한다. 적당히 기도하면 점점 더 가라앉는 현상이 드러난다."

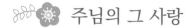 ## 주님의 그 사랑

예수님은 말씀하십니다.

예수님 : "귀복아."
지귀복 : "예, 주님."
예수님 : "책이 나오면 여러 가지 열매가 맺어질 것이다."
지귀복 : "주님, 무슨 열매인데요?"
예수님 : "그거야, 많은 사람들의 마음이 진심으로 바꾸어지는
열매이지. 뜨뜻미지근한 신앙이 더욱 주님을 사랑하
고 사모하는 신앙으로 바뀌게 되는 것, 이 또한 성령
의 열매니라."
"그러니 너는 또다시 책을 쓸 준비를 해야 되지 않겠
니? 너의 연약한 몸을 단련하기 위해서 지금은 네가 한
가하게 시간을 보내고 있다마는, 조만간 바빠질 것인
데, 이제 마음을 가다듬고 해야 되지 않겠니? 힘을 내
서 시작하거라."

예수님은 말씀하십니다.

"너는 항상 심령이 가난한 자가 되어야 하고, 긍휼히 여기는 자
가 되어야 하고, 항상 위로하는 자가 되어야 할 것이니라. 그것
은 나의 인애가 항상 니와 함께 있기 때문이니라. 오직 예수. 오
직 말씀. 오직 믿음."

[마태복음 5:1~12]

1 예수께서 무리를 보시고 산에 올라가 앉으시니 제자들이 나아온지라 2 입을 열어 가르쳐 이르시되 3 심령이 가난한 자는 복이 있나니 천국이 그들의 것임이요 4 애통하는 자는 복이 있나니 그들이 위로를 받을 것임이요 5 온유한 자는 복이 있나니 그들이 땅을 기업으로 받을 것임이요 6 의에 주리고 목마른 자는 복이 있나니 그들이 배부를 것임이요 7 긍휼히 여기는 자는 복이 있나니 그들이 긍휼히 여김을 받을 것임이요 8 마음이 청결한 자는 복이 있나니 그들이 하나님을 볼 것임이요 9 화평하게 하는 자는 복이 있나니 그들이 하나님의 아들이라 일컬음을 받을 것임이요 10 의를 위하여 박해를 받은 자는 복이 있나니 천국이 그들의 것임이라 11 나로 말미암아 너희를 욕하고 박해하고 거짓으로 너희를 거슬러 모든 악한 말을 할 때에는 너희에게 복이 있나니 12 기뻐하고 즐거워하라 하늘에서 너희의 상이 큼이라 너희 전에 있던 선지자들도 이같이 박해하였느니라

 주님이 그랬듯이

예수님은 말씀하십니다.

예수님 : "주님이 그랬듯이 죽기까지 참는 자가 누구냐? 주님이 아니더냐? 너희는 아무것도 할 수 없는 가지에 불과한데 무슨 할 말이 그리도 많은 것이냐? 나의 음성에 귀를 기울이는 자는 겸손하니라. 주님의 그 사랑이 그를

덮고 있기 때문에."

지귀복 : "주님, 주님은 오늘도 저를 울리시네요. 주님께서 말씀
하시면 너무나 눈물이 빗방울같이 떨어지네요. 그 사
랑이 너무너무 커서 내 앞에 계신 주님을 바라보면, 그
토록 눈물이 흐르고 눈을 뜰 수가 없어요. 내 손은 계
속 글을 쓰고 있어요. 나의 주님, 감사와 찬양과 존귀
를 받으소서. 내가 바라고 구하는 것은 주님의 은혜임
을 깨닫습니다. 주님의 은혜가 없이는 살아갈 수가 없
는 것을 오늘도 그 주님께 고백합니다. 나의 아버지,
나의 하나님 경배를 받으소서."

 ## 또다시 훈련은 시작되고

예수님은 말씀하십니다.

예수님 : "너는 나의 말을 받을 준비가 되었느냐?"

지귀복 : "예, 주님. 저는 주의 말씀을 바라나이다. 종의 불의함
과 어리석음을 용서하시고, 불쌍히 여기소서."

예수님 : "너를 부르신 이는 만왕의 왕이요 만주의 주가 되시는
너의 주님이시다. 너는 두려워하지 말거라. 이 또한 하
나의 훈련이니라. 나는 너를 너무너무 사랑하지만 때
로는 너를 멀리하는 것은 네가 어떻게 하는가 지켜보
고 있느니라. 나는 결코 너를 떠나지 않을 것이니 염려
하지 말고 두려워하지 말거라."

[이사야 41:10]

두려워하지 말라 내가 너와 함께 함이라 놀라지 말라 나는 네 하나님
이 됨이라 내가 너를 굳세게 하리라 참으로 너를 도와주리라 참으로
나의 의로운 오른손으로 너를 붙들리라

지귀복 : "주님, 나를 향하신 주님의 훈련이 어떻게 될지 이 무
　　　　지한 자가 어찌 알겠습니까?"

　저는 천국 체험 후 주님께서 저를 매일 같이 일 년 동안 훈련
을 시키셨습니다.

　예수님은 말씀하십니다.

예수님 : "사랑하는 딸 귀복아."
지귀복 : "예, 주님."
예수님 : "내가 너에게 영적, 육적, 환경적인 빛을 비추어주지
　　　　않으면, 네 머리에는 아무것도 생각이 나지 않는다고
　　　　했지 않니? 그래서 기도를 해야 하느니라. 나를 만나
　　　　는 것도, 나와 대화하는 것도, 나의 말을 알아듣는 것
　　　　도 너의 기도 시간에 다 이루어지느니라. 알겠느냐?"
지귀복 : "예, 주님."
예수님 : "믿음으로 행하고 조금도 의심하지 말거라."

[야고보서 1:5~6]

5 너희 중에 누구든지 지혜가 부족하거든 모든 사람에게 후히 주시고
꾸짖지 아니하시는 하나님께 구하라 그리하면 주시리라 6 오직 믿음
으로 구하고 조금도 의심하지 말라 의심하는 자는 마치 바람에 밀려

요동하는 바다 물결 같으니

예수님은 말씀하십니다.

"네가 기도하고 염려하는 문제는 너의 주님이 하나하나 다 해결할 것인즉 너는 믿기만 하라. 너는 외롭지 않다. 왜 외롭겠느냐? 만왕의 왕이신 주님이 너의 주가 아니냐? 무엇이 너를 외롭게 하느냐? 네가 나를 사랑해서 외로움을 느낀 것을 볼 때 참 좋구나. 주님을 사랑하는 마음이 깊어져서 외로움을 느끼는 것은, 얼마나 네가 주님을 갈망하고 있는지를 말해주는 것이지. 너의 속에 있는 것들이 다 나를 향해 있다는 것이다. 그러니 행복한 외로움이 아니고 무엇이냐?"

예수님 : "귀복아."
지귀복 : "예, 주님."
예수님 : "믿음은 나를 얼마나 그가 사랑하는가에 있어서 믿음이 더욱 깊어지고 거기에 따라 축복도 달라지는 것이란다. 주님은 너를 죽기까지 사랑했지만, 주님이 너를 사랑한 것이지, 너희가 먼저 나를 찾는 것이 아니란다. 지금은 너희가 나를 찾아야 되느니라. 보혜사 성령이 나를 알 수 있게 일을 행하시기 때문에 주님을 간절히 찾는 자에게 성령을 부어주시느니라. 소망 중에 부름을 받는 백성들은 더욱더 믿음에 서서 담대하게 전진하는 십자가의 군병이 되느니라."

✤ 주님의 메시지 2

예수님은 말씀하십니다.

예수님 : "흔들리지 말거라. 너는 내가 알려준 메시지를 알려야 한다."
지귀복 : "예, 주님. 오직 주님께서 하신 말씀만 전하겠습니다."
예수님 : "바로 그것이다. 너는 평안하라. 내가 준 메시지만 전하라."
지귀복 : "예, 주님."

주께서 말씀하시기를

"너는 마음을 비우거라. 새로운 것을 넣어야 된다. 말씀으로 주님의 사랑과 능력과 권능, 기쁨과 감사, 온유, 겸손. 그리고 신학적으로 많이 아는 것과 구원은 다르다.

'어머니 학교에 다녀오겠습니다.' 목적지는 학교다. 학교에 가는데 옆 앞길 설명하는 것. 그렇다고 다르냐? 목적지는 같다. 그것에 대해서 말을 해주었잖니?

성경이 증언하는 것은 예수님이다. 서로를 위로하면서 동역하거라. 내가 있는데 무엇을 염려하느냐? 네가 염려하는 것을 다 내게 맡기고 사랑과 기쁨으로 삶을 살거라. 그것이 너의 힘이라. 피곤하면 바로 쉬고, 사랑하고, 기쁨을 항상 유지하라. 모든 것을 지혜 있게 하라."

[디모데후서 2:3~13]

3 너는 그리스도 예수의 좋은 병사로 나와 함께 고난을 받으라 4 병사로 복무하는 자는 자기 생활에 얽매이는 자가 하나도 없나니 이는 병사로 모집한 자를 기쁘게 하려 함이라 5 경기하는 자가 법대로 경기하지 아니하면 승리자의 관을 얻지 못할 것이며 6 수고하는 농부가 곡식을 먼저 받는 것이 마땅하니라 7 내가 말하는 것을 생각해 보라 주께서 범사에 네게 총명을 주시리라 8 내가 전한 복음대로 다윗의 씨로 죽은 자 가운데서 다시 살아나신 예수 그리스도를 기억하라 9 복음으로 말미암아 내가 죄인과 같이 매이는 데까지 고난을 받았으나 하나님의 말씀은 매이지 아니하니라 10 그러므로 내가 택함 받은 자들을 위하여 모든 것을 참음은 그들도 그리스도 예수 안에 있는 구원을 영원한 영광과 함께 받게 하려 함이라 11 미쁘다 이 말이여 우리가 주와 함께 죽었으면 또한 함께 살 것이요 12 참으면 또한 함께 왕 노릇 할 것이요 우리가 주를 부인하면 주도 우리를 부인하실 것이라 13 우리는 미쁨이 없을지라도 주는 항상 미쁘시니 자기를 부인하실 수 없으시리라

주님께서 말씀하십니다.

"너는 그리스도 예수의 좋은 병사로 나와 함께 고난을 받으라. 믿는 사람들은 주의 군사이다. 이제 때가 된 것 같구나. 그곳에서 기도원을 하고 주의 일을 할 것이다."

[마태복음 6:34]

그러므로 내일 일을 위하여 염려하지 말라
내일 일은 내일이 염려할 것이요
한 날의 괴로움은 그 날로 족하니라

진리의 말씀이 내 안에 있다면 그 말씀이 나를 이끌어 갑니다.

[마태복음 22:37]

예수께서 이르시되 네 마음을 다하고 목숨을 다하고
뜻을 다하여 주 너의 하나님을 사랑하라 하셨으니

주님의 메시지 3

예수님은 말씀하십니다.

예수님 : "너는 일하는 파출부가 아니고 나의 신부란다. 신부의 권리를 찾거라. 나를 위해 모든 것을 준비하고 있는 신부가 아니더냐? 신부의 권리를 찾거라."

지귀복 : "예, 주님."

예수님 : "그냥 시키는 일만 하는 사람이 아니고 나의 신부란다. 좀 더 가까이 와서 기도로 속삭임과 교통. 그리고 나와 함께 해야 하지 않겠니?"

지귀복 : "예, 주님."

예수님 : "멀어져 있고, 시키는 일만 한다면 나와 무슨 상관이 있을까? 신부는 신랑이 오기를 기다리면서 울어야 한다. 죄가 막혀서 오지 못함을 울어야 한다. (회개, 단장) 드문드문 비어 있는 자리마다 하나씩 빠져나가는 나의 신부는 나와 상관없는 삶을 살고 있구나. (종교인) 멀어져 가는구나. 나의 크고 놀라운 우레 소리가 울려 퍼질 때에 어찌 내 앞에 설 수 있을까? 부끄러운 나의 신부들이여, 지금이 참 기회인 것을 모르는 것인가?"

[고린도전서 15:50~52]

50 형제들아 내가 이것을 말하노니 혈과 육은 하나님 나라를 이어 받을 수 없고 또한 썩는 것은 썩지 아니하는 것을 유업으로 받지 못하느니라 51 보라 내가 너희에게 비밀을 말하노니 우리가 다 잠잘 것이 아니요 마지막 나팔에 순식간에 홀연히 다 변화되리니 52 나팔 소리가 나매 죽은 자들이 썩지 아니할 것으로 다시 살아나고 우리도 변화되리라

[데살로니가전서 4:16~17]

16 주께서 호령과 천사장의 소리와 하나님의 나팔 소리로 친히 하늘로부터 강림하시리니 그리스도 안에서 죽은 자들이 먼저 일어나고 17 그 후에 우리 살아 남은 자들도 그들과 함께 구름 속으로 끌어 올려 공중에서 주를 영접하게 하시리니 그리하여 우리가 항상 주와 함께 있으리라

예수님은 말씀하십니다.

"세상이 어떤 곳인지 아느냐? 내 백성들이 이런 고초를 겪으면서 살아가고 있다. 독수리의 발톱으로 찍어낸다. 많이 애태웠구나. 연민은 이렇게 무서운 것이다. 모든 것을 다 던지고서야 깨닫는 것이다. 내가 수차례 이 성전을 청소해주었건만, 내 종은 영분별이 안되어서 내 백성을 힘들게 하는구나. 말씀을 모르면 휘둘린다. 이렇게."

[이사야 22:22]
내가 또 다윗의 집의 열쇠를 그의 어깨에 두리니
그가 열면 닫을 자가 없겠고 닫으면 열 자가 없으리라

예수님은 말씀하십니다.

"그가 물들지 않고 갔으면 좋겠구나. 주님께서 사랑하는 종이다. 하지만 이 무리에 속해 있다면 같은 사람이 되는 것이다. 분별을 잘했으면 좋겠구나. 이 무리들은 피를 나누며 잔치하는 무리다. 비유로 말하자면, 길에 갈 때 무거운 짐을 끌고 가는 사람을 돕는 사람에 비유하면 된다. 짐을 옮기는 일을 도와주었을 뿐이지. 그 속에 깊은 것까지 짐을 가지고 가는 사람, 진짜 돕는 사

람은 아니란다.(가짜) 마음이 같을 수가 없다. 이렇게 이해를 하
길 바란다(주가 도구로 쓰고 있다).

  강력한 능력을 줄 것이다. 참된 진리로 내 백성들을 이끌 수 있
도록. 껍데기들의 일에 머뭇거리지 말고 손을 펼 때 영적인 게
다 사라질 것이다. 아무것도 모르는 내 백성들의 영적 상태. 그
또한 훈련하고 있다. 아무리 피곤하고 힘들어도 손에서 나가는
능력의 역사는 멈추지 않으리. 믿음으로 행하라. 나를 덮으려 왔
다가 주님의 빛으로 다 넘어진다."

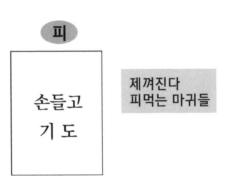

예수님은 말씀하십니다.

  "사랑하는 딸아, 너는 어느 곳에 가든지 천국과 지옥을 알리면
된다. 다른 일이랑 신경 쓰지 말고. 내가 너를 지킬 것이야. 딸과
함께 가거라. 너무나 불쌍하고 내가 사랑하는 딸이다. 나의 종도
도와주거라. 조금 있으면 안정이 될 것인데 그때 기도원에서 책
을 쓰거라(시간을 줄 것이다)."

🌸 기도 외에는

[마가복음 9:23]

예수께서 이르시되 할 수 있거든이 무슨 말이냐
믿는 자에게는 능히 하지 못할 일이 없느니라 하시니

[마가복음 9:29]

이르시되 기도 외에 다른 것으로는
이런 종류가 나갈 수 없느니라 하시니라

예수님이 말씀하십니다.

예수님 : "서로가 얼굴을 대할 때 기도의 힘이 생기느니라. 그것
이 기도의 힘이다."

지귀복 : "예, 주님."

예수님 : "주님이 고쳐주셨으니 아무거나 막 먹는다고? 그래
서 그 고통이 온 것이다(탐식 마귀). 무슨 일을 하든
지 기도 시간에는 교회 가서 기도해라. 안 나오면 염려
된단다. 너가 그들을 위해 기도하고 있지 않니? 그들
역시 기도를 하고 있느니라. 오늘 밤에 내가 너를 치
료할 것이다. 이제는 명심해라. 맵고 짠 음식 금하고,
(오직 점심만 먹고) 나머지는 간식을 먹을 것. 그리하
면 네 몸이 강해지리라. 이제는 나를 시험하지 말거
라. 나는 알파와 오메가요, 처음과 끝이니라. 내가 너

를 치료하노라."

빛나는 예수님의 옷자락이 나를 덮으시므로 치료하심.

예수님 : "머리도 심장도 혈관도 위장도 뱃속도 불편하지 않을
것이다. 사랑을 원한다면 내가 너의 사랑이 될 것이다.
용기가 필요하면 내가 너의 용기가 될 것이다. 내가 너
의 힘이 되어주면 되지 않겠니? 다른 곳에서 찾지 말고
나를 부르라. 내가 너의 모든 것이 되어주마."

[마가복음 9:23,29]

23 예수께서 이르시되 할 수 있거든이 무슨 말이냐 믿는 자에게는 능
히 하지 못할 일이 없느니라 하시니 29 이르시되 기도 외에 다른 것
으로는 이런 종류가 나갈 수 없느니라 하시니라

예수님 : "내가 오늘 너에게 준 말씀이니라."

 * 회개 : 나의 무지함, 어리석음, 교만, 자만, 거만.
   (아무것도 아닙니다)

예수님 : "너를 통해서 역사하는 하나님의 영광을 보리라. 두려
워하지 말고 믿기만 하라. 주님의 권능, 신유, 예언, 통
역, 영분별. ★겸손히 내게 무릎을 꿇을 때마다 이 능
력이 주어지리라."

지귀복 : "답답했던 나의 심령이 환하게 비추이고 있습니다. 주
님, 감사드립니다. 주님은 위대하십니다. 주님은 자비
하시고 사랑이 하늘 끝까지 닿습니다. 나를 치료하신

주님, 감사드립니다.

[이사야 53:5]

그가 찔림은 우리의 허물 때문이요 그가 상함은 우리의 죄악 때문이라 그가 징계를 받으므로 우리는 평화를 누리고 그가 채찍에 맞으므로 우리는 나음을 받았도다

 ## 꽃을 나의 보혈로 물들이거라

(강단을) 환상을 통해서 주셨다.

하늘문이 열리고 보좌에 계신 주님.

예수님은 말씀하십니다.

"내 백성들이 어찌 이리도 감각이 없는 것일까? 정말 내가 갈 것인데, 나의 피 값으로 산 내 백성들아, 깨어라. 일어나라."

예수님은 말씀하십니다.

"내 눈물이 마르기 전에 예복을 준비하거라. 주님은 눈물을 흘리고 있는데, 너희는 평안히 세상 잠에 빠져가는구나. 이 세상에 시간이 그리 많이 있지 않은데, 어이할꼬. 어이할꼬. 나의 백성들아, 내가 그토록 애원을 했건만, 듣지를 않는구나. 듣고 싶지

도 않은 것 같구나. 바람 앞에선 촛불과도 같은 내 사랑 나의 백성아, 지금 깨어라. 일어나거라."

예수님은 말씀하십니다.

예수님 : "귀복아."
지귀복 : "예, 주님."
예수님 : "나는 너의 주님이시다."
지귀복 : "예."
예수님 : "너무나 시간이 없다. 어서어서 회개하거라. 어서어서 회개로 준비하거라. 나의 순결한 신부들이여, 때가 가까이 오고 있다. 나는 통곡한다. 너희의 그 안일하고 나태한 믿음으로는 결코 나를 만날 수가 없는데 어찌 할까? 내 백성아. 지금이로다. 일어나거라. 회개하고 기다리라."

 ## 방주 안으로 들어오세요

예수님은 말씀하십니다.

"전심을 다해서 내 양을 살피라. 성령이 너희와 함께 할 것이 란다. 이제는 거침없이 선포하거라. 예수님이 오신다고... 주저 하지 말거라."

세상에서 방황하는 영혼들을 향해 외칩니다.

"예수님은 곧 오십니다. 빨리 방주로 들어오세요. 이곳이 방주입니다. 방주 안에 모든 것이 들어오면 문은 닫힙니다. 이 문이 닫히기 전에 속히 세상에서 나와서 방주로 들어오세요. 모이는 곳에 예배자로 서 있어야 합니다. 모이지 않으면 믿음 지키기가 어렵습니다. 지금은 모여서 기도할 때입니다. 세상 것에 미혹되지 말고, 오직 굳건한 믿음을 갖고 방주로 나와 있어야 합니다. 방주에는 시간이 있고 때가 있습니다. 나는 과연 방주에 들어갈 수 있는 믿음이 있을까요?"

예수님은 말씀하십니다.

"준비된 자, 예비된 자만이 들어갈 수 있다. 진정으로 나를 사랑한 자들만이 들어갈 수 있다."

 성전

생각을 타고 들어온 죄가 성전을 더럽게 해서 우리의 입을 통해서 나갑니다. 입으로 들어온 것이 죄가 아니고, 입에서 나간 것이 죄입니다. 귀신을 쫓아내고 회개기도를 하고 성령 충만함으로 이것을 이기기 위해서는 순간순간 주님의 사랑을 확인하고

고백하고 간직해야 합니다. 마귀는 주님을 망각하게 분주하게 합니다. 보혈을 잊어버리면 마귀가 지배를 하려고 합니다. 인간의 방법으로 삶을 이끌어갑니다. 하나님의 사랑을 가지고 바라보면 사랑 못할 사람이 없고 용서 못할 사람이 없습니다. 미움을 가진 자는 하나님 보좌 앞에 나가지 못합니다. 아무리 기도해도.

예수님은 말씀하십니다.

예수님 : "너는 나를 깜짝 놀라게 하는구나. 기도를 했다. 안 했다. 기도는 습관을 좇아 해야 하는 것이다. 너의 습관을 바꾸거라. 주님께 맞추어라."

지귀복 : "아멘."

예수님도, 세례 요한도, 베드로도. "회개하라, 천국이 가까웠느니라." 천국은 회개한 자가 가는 곳입니다. 인간의 방법이 아니라 하나님의 방법대로, 말씀대로 살아가야 합니다.

천국이 내 안에 있습니다. 오늘 나의 내적 삶이 기쁘지가 않는다면, 감사하지 못한다면, 기도하지 않는다면 천국이 이루어지지 않는 것입니다. 기도를 게을리하므로 한 영혼을 마귀에게 빼앗긴 것입니다. 기도의 지경이 넓어지고, 믿음의 지경이 넓어져야 합니다.

🌸 성전에서

예수님께서 말씀하십니다.

예수님 : "예전에 내가 이곳 강단에서 잠을 자라고 했을 때, 너는 내 말을 듣지 않았다. 그래서 네 머리가 지혜가 오지 않았고, 답답하고, 육신적인 것을 평안함에 치우치게 된 것이고, 힘이 없고, 새 힘이 빠져나가게 된 것이다. 나의 영이 충만하지 않으므로 육신이 힘이 든 게지. 그래도 깨닫지 못했다. 나는 네가 이곳에서 나와 함께 밤새 이야기를 하고 싶은데, 왜 육신을 좇아가려는 것이냐? 이번 기도회에는 나와 함께 새벽기도시간까지 이야기를 하자구나. 그리고 쉬도록 해라. 세계를 품을 네가 그런 것으로 염려하느냐? 삶의 모든 것들을 다 너의 주님이 알아서 할 것이다."

지귀복 : "예, 주님."

예수님 : "이곳이 빨리 부흥을 일으킴으로 모든 이들이 이 모세오경의 열풍이 전국에 확산되고, 파주의 어느 모 교회의 많은 바이블 교수들이 곳곳마다 가서 모세오경을 하게 되느니라. 그로 인해 나의 백성들이 힘을 얻고 성령으로 충만하고, 말씀 충만, 믿음 충만 되어서 복음의 나팔을 온 천하에 모세오경으로 불게 될 것이다. 이곳으로부터."

[히브리서 10:22]

우리가 마음에 뿌림을 받아 악한 양심으로부터 벗어나고 몸은 맑은
물로 씻음을 받았으니 참 마음과 온전한 믿음으로 하나님께 나아가자

예수님은 말씀하십니다.

"주님을 만나는 통로. 회개의 통로, 말씀을 깨우치는 통로, 오
직 기쁨의 찬송뿐이다. 곡조 있는 기도이기에."

답답하십니까? 마음이 불편하십니까? 우울하십니까? 근심에
눌려 있으십니까?

주님을 찬양하는 것을 잊으셨군요. 남이 하는 찬양이 아니고,
나의 입술로 주님께 드리는 찬양을 잊으셨어요?

바쁘셨군요. 지금 무릎을 꿇고 입술을 열어 보세요.

나의 몸에 무거운 짐을 주님께 옮기는 작업이 곧 찬양입니다.
찬양은 위력이 있습니다. 찬송은 옥문도 열립니다.
찬송은 내 마음을 시원케 하지요.
주님, 저는 이제 찬양을 제 입술로 할래요.

예수님은 말씀하십니다.

"씨를 뿌리는 것은 많은 열매를 맺기 위함이라. 내가 뿌린 씨가
많은 열매 돼서 오게 하기 위함이다. 복음을 전하면 많은 천사를
보내주신다. 일을 안 하니까 천사가 놀고 있다."

🌸 다시 방문한 천국

제가 다시 방문한 천국 이야기를 하려고 합니다. 주님은 구름 저편에서 나의 이름을 부르십니다. 천사들과 함께 구름을 타고 오셔서 나는 주님의 음성에 "예."하고 대답할 때 나의 몸과 내 영혼이 깃털같이 날기 시작합니다. 주님과 함께 처음 갔던 포도밭을 지나서 산 정상으로 날아올라 천국에 도착을 하지요.

그곳에 도착하면 천사가 나에게 생명수 강물을 머리에 붓고 보혈의 통, 기쁨의 통, 희락의 통, 평강의 통, 영혼을 소생케 하는 통에 들어가서 물로 적신 다음 천사의 안내로 예복을 입는 룸으로 갑니다. 그곳은 지금까지 제가 입은 예복이 모두 다 유리벽에 찬란하게 빛을 발하면서 진열이 되어 있었습니다. 나는 그곳을 계속 걸어서 천사의 안내로 들어갔습니다. 맨 끝 부분에 도착하자 커다란 예복이 있는 것이었습니다. 나의 키의 두 배도 더 되는 웅장하고 커다란 예복이 유리벽 안에 있었고, 이 예복은 하얀색인데 눈꽃송이 같은 하얀색입니다. 맑은 유리 같은 보석이 수도 없이 달려 있었고 머리에 쓰는 것도 있습니다. 천사가 나를 그쪽으로 안내를 해서 갔을 때 그 큰 예복이 내 몸에 딱 맞는 것이었습니다.

나는 그 옷을 입고 주님 계신 경배의 방으로 가서 경배를 드립니다. 그곳 주님의 보좌 위에는 안개 같은 것이 있고, 주님의 보좌는 너무나 빛나서 정확히 볼 수가 없었습니다. 그곳을 나와서 옷을 갈아입고 나올 때 주님은 나의 손을 잡으십니다. 나는 그때 너무나 손을 꽉 잡았습니다. 주님도 손을 꽉 잡으시면서 "이렇게 손을 잡는 것을 보니 나를 많이 찾았구나." 하셨습니다.

주님과 함께 강줄기를 따라 흐르는 강을 건너 동산으로 갔습니다. 나는 그곳에 도착하자 예전과는 다른 모습을 보게 되었습니다. 예전에는 동산 위에 나무도 언덕도 있었는데, 지금은 아무 것도 없고 꽃들과 잔디와 믿음의 나무와 주님과 함께 앉는 의자가 있고, 또한 그곳에서 바라볼 때 커다란 궁전 같은 집이 보입니다. 하늘에는 수많은 천사들이 그곳에 덮여있고 분주하게 날아다닙니다. 궁전 앞에는 앞에서 언급했듯이 수정 같은 유리바다가 펼쳐지고, 제가 서 있는 동산의 하늘은 너무나 찬란합니다. 그곳에는 수많은 찬양대와 천사들이 찬양을 하고 있고, 나는 주님과 춤을 추었습니다. 주님께서는 머리에 손을 얹으시고, "축복이 임할지어다." 하고 기도하시면서 나를 안아주셨습니다. 저의 모습은 아주 작은 어린 양의 모습입니다.

그다음 주님과 함께 의자에 앉아서 주님은 말씀하십니다.

예수님 : "귀복아."
지귀복 : "예."

"너는 내가 안 보이면 그렇게 애태우느냐?"

하고 물으십니다.

"예, 주님이 안 보이시면 답답하죠."라고 대답했습니다.

그곳에서 나를 치료하시고 무릎을 꿇으라고 하십니다.

 ## 예복을 입고 주님께 경배를

천국에서 이제 천사의 안내로 예복을 입는 룸으로 들어가서 예복을 입고 나와서 주님이 계시는 보좌 앞에 나아가 경배를 올립니다.

저는 이곳에서 구름 드레스와 무지개 드레스와 하얀 드레스를 입었습니다. 저는 이 드레스를 입고 천국의 하늘의 구름을 타고 주님과 함께 뱅뱅 돌았습니다.

천국의 하늘은 해가 없어도 찬란한 빛이 있고, 수많은 천사들은 날아다닙니다. 주님은 말씀하십니다.

"네가 구름을 좋아하지 않니?"

구름 드레스는, 주님이 이 땅에 오실 때 구름을 타고 오시는데, 회개한 자는 구름 위에 오르고, 회개가 안 된 자는 바위가 되어서 그들을 가루로 만드신다고 하십니다.

[요한계시록 1:7]

볼지어다 그가 구름을 타고 오시리라 각 사람의 눈이 그를 보겠고 그를 찌른 자들도 볼 것이요 땅에 있는 모든 족속이 그로 말미암아 애곡하리니 그러하리라 아멘

무지개 드레스는 주님께서 약속하신 것을 이루어주시는 약속의 옷입니다.

[창세기 9:13]

내가 내 무지개를 구름 속에 두었나니
이것이 나와 세상 사이의 언약의 증거니라

보석 드레스는 복음을 전하는 자들에게 나타나는 갖가지 은사와 능력입니다.

보혈의 드레스는 예수님께서 십자가 위에서 흘리신 사랑을 말씀하십니다. 이 옷은 곧 능력입니다.

황금 드레스는 아버지 하나님 보좌 앞에 가는 옷입니다.

흰 눈꽃 드레스는 아버지 하나님 앞에 혼자 갈 수 있는 옷입니다.

하얀 드레스는 회개하는 자에게 입혀지는 옷입니다. 깨끗한 행실, 회개하고 입게 하신 드레스입니다. 천국에서는 오직 주님의 보혈로 씻겨진 자만이 입을 수 있다는 것이지요.

[요한계시록 19:8]

그에게 빛나고 깨끗한 세마포 옷을 입도록 허락하셨으니
이 세마포 옷은 성도들의 옳은 행실이로다

저는 이제 평강이 넘쳤습니다. 주님께서 예복 차림으로 오셔서 저의 손을 잡습니다. 저를 아무도 만지지 못하게 하시죠. 아직 제 몸은 죽지 않았기에 보호하시는 것 같습니다.

저는 그곳에서 수영을 했습니다. 은빛 물결이 넘쳐흐르는 강물에서. 저는 수영을 할 줄 모르지만, 주님께서 하게 하시면 할 수 있습니다. 주님의 말씀은 곧 능력이시기 때문이죠.

주님은 저를 가슴에 안고 기도하십니다.

기도가 점점 높이 올라가서 커지고 나는 작아져서 주님이 안고 기도하십니다. 천국에서 나의 몸이 갑자기 거대하게 커지는 것입니다. 지구를 발로 밟고서 또한 제 몸의 혈관을 치료하십니다. 거룩하신 보좌에 계신 하나님 아버지께서 말씀하십니다.

예수님 : "내가 하늘문을 열고 너를 축복하노라. 전능하신 하나님 아버지의 그 놀라운 능력과 권능과 자비하심으로 너를 축복하노라."

지귀복 : "아멘. 아버지 하나님, 감사와 찬양과 경배를 드립니

다. 세세토록 영광을 받으실 하나님 아버지께 경배를 드립니다."

예수님은 말씀하십니다.

예수님 : "사랑하는 내 딸 귀복아."
지귀복 : "예, 주님."
예수님 : "나는 너의 주님이시다. 오늘도 너의 모습을 지켜보았 노라. 네가 나의 훈련을 잘 받고 있는 것을 볼 때에 나 의 마음이 참 기쁘구나. 나의 사랑 나의 딸 귀복아, 너 는 앞으로 무엇을 하든지 너에게 이르는 말에 순종하 고 따라와야 하느니라."
지귀복 : "예, 주님."
예수님 : "이후로는 몸이 늘지도 않고 빠지지도 않을 것으로 항 상 그 상태로 있을 것이다. 네가 지금 혼란스러운 것은 영적인 갈등과 죄악된 것들을 주님이 소멸하고 있기 때문이다. 더욱더 너의 몸이 기쁨과 유쾌하게 되리라. 보혈의 피. 보혈의 피. 너의 머리로 들어오는 불필요 한 생각들을 물리치라. 마귀가 거짓을 심으려고 하는 구나. 나 예수는 교회의 머리요 광명한 새벽별이니라. 네게 이미 능력이 임했고, 네가 진심으로 기도하고 나 의 영광을 위해서 행하면 역사가 나타나리라. 너의 몸 을 치료하신 주님, 너의 몸을 치료하신 주님의 임재 앞 에 니는 나를 따르라. 영적으로 다가오는 것들은 네가 차단해야 하느니라. 영적인 것을 다스리거라."
지귀복 : "아멘."

예수님은 말씀하십니다.

예수님 : "사랑하는 딸 귀복아."

지귀복 : "예, 주님. 말씀하옵소서."

예수님 : "네 마음이 슬픔을 내가 안다. 그러나 염려하지 말거라. 내가 다 보살피고 있느니라. 1권의 책이 나오면 먼저 기도하고 시작하거라. 그러면 주님이 역사하실 것이다."

지귀복 : "주님은 나의 힘과 소망이 되십니다."

예수님은 말씀하십니다.

예수님 : "영적인 힘이 빠지면, 그러한 현상이 오느니라. 이제는 두려워 말고 평안하거라. 주님이 너를 지금 만지고 있느니라. 기쁨을 갖거라. 주가 너와 함께 하니."

지귀복 : "나의 가슴, 심장, 위장을 치료해 주세요. 장을 치료해 주세요."

너무나 견딜 수 없는 압박이 오는 시간입니다.

예수님은 말씀하십니다.

"너의 입술, 너의 머리. 죄를 생각하지 말고 기도만 하거라. 마귀를 물리치거라."

계속적인 복통과 육신의 고통 속에 있을 때 성령의 진동과 함께 주님의 빛을 들여 마시다. 성령의 기름부음 생각 속에서 생각이 나를 지배하기 때문에 슬픈 생각. 악한 마귀가 슬픈 생각을 주면서 구역질이 나옵니다. 슬픈 생각을 하게 됩니다. 흔들리지 않는 기도로 주님께 맡길 때 성령님이 오심.

예수님은 말씀하십니다.

"예수 그리스도의 이름으로! 우울증, 슬픔, 악함, 우상숭배, 사악함, 악한 것들, 간교한 것들, 당뇨, 예수 그리스도의 이름으로 묶으라."

[이사야 53:5]
그가 찔림은 우리의 허물 때문이요
그가 상함은 우리의 죄악 때문이라
그가 징계를 받으므로 우리는 평화를 누리고
그가 채찍에 맞으므로 우리는 나음을 받았도다

우리의 진정한 치료자되시는 예수님! 사랑하고 경배합니다.

 ## 주님의 사랑에 감격해서 울어요

예수님은 말씀하십니다.

예수님 : "귀복아."
지귀복 : "예, 주님."
예수님 : "나의 신부야, 어찌 우느냐?"

지귀복 : "주님의 그 사랑에 너무 감격해서 울어요. 그토록 우리
　　　　를 사랑하신 주님 감사드립니다."

예수님 : "나는 너희를 그렇게 사랑하는데 왜 그 사랑을 모르는
　　　　것이냐? 나의 사랑하는 하나님의 자녀들아, 내가 너
　　　　희를 너무나 사랑한다는 것을 왜 모르는 것이냐? 제
　　　　발 나의 품 안으로 돌아와다오. 나의 귀한 자녀들아,
　　　　나의 생명을 대신해서 얻은 나의 자녀들아. 무엇이 그
　　　　리도 너희를 어지럽게 혼란스럽게 하는 것이냐? 모든
　　　　것은 다 없어질 것들이지만, 나의 사랑은 영원하단다.
　　　　내 곁에서 영원토록 나와 함께 살자꾸나. 나의 귀한 자
　　　　녀들아, 나는 너희를 기다린다. 항상 언제나 어디서
　　　　나 무엇을 하든지 나는 기다린다. 늦지 않게 돌아와다
　　　　오. 조금만 나를 향한 마음이 있다면, 내게 달려올 것
　　　　인데. 나를 좀 바라봐다오. 나의 모습을 조금만 생각해
　　　　다오. 지금이 정말 기회인 것 같구나. 나의 품으로 돌
　　　　아와다오. 모든 것을 다 품을 수 있는 나의 품으로 돌
　　　　아와다오. 너희는 나의 자녀이고, 나는 너희 하나님이
　　　　되심이니라."

지귀복 : "아멘."

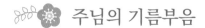 ## 주님의 기름부음

나는 무릎을 꿇었습니다.

[고린도전서 12:8~10]

8 어떤 사람에게는 성령으로 말미암아 지혜의 말씀을, 어떤 사람에게는 같은 성령을 따라 지식의 말씀을, 9 다른 사람에게는 같은 성령으로 믿음을, 어떤 사람에게는 한 성령으로 병 고치는 은사를, 10 어떤 사람에게는 능력 행함을, 어떤 사람에게는 예언함을, 어떤 사람에게는 영들 분별함을, 다른 사람에게는 각종 방언 말함을, 어떤 사람에게는 방언들 통역함을 주시나니

성령의 은사에 대한 기름부음을 기도하셨습니다.

"지혜의 말씀, 지식의 말씀, 능력 행함, 병고침, 예언, 영 분별, 각종 방언, 방언들 통역, 지혜의 말씀 기름부음, 갑절의 영감 기름부음, 영 분별 기름부음, 입술의 지식과 은혜로움과 신령한 몸으로 기름부음."

이 기도를 마치고 성령의 불이 타오르는 기름부음이 주님이 오실 때까지 계속되게 하나님 아버지께 기도하였습니다.

예수님 : "성부와 성자와 성령의 이름으로 축복하노라."
지귀복 : "아멘."

주님께서 안수하실 때 주님의 손에서 십자가가 찍힙니다. 이 기도가 끝나자 갑자기 나의 모습이 보였는데, 나의 키와 몸이 점점 커지는 것이었습니다. 한없이 한없이 커져서 믿음의 나무도 너무나 커지고, 내 입술로 기도한 것은 다 믿음의 나무에 올라가 있었습니다. 주님은 축복하고...

예수님 : "한 영혼 한 영혼이 바르게 고쳐질 수 있게 기도하라. 그로 인해 변화될 수 있게 하라."
지귀복 : "예, 주님."

내 모습은 너무 커서 마치 백설 공주와 일곱 난장이처럼 그곳에 있는 꽃들과 모든 것은 너무 작아보였습니다. 내 모습은 점점 더 커져가고, 그다음 지구가 앞에 펼쳐지는 것이었습니다. 그리고는 그 지구를 발로 밟고 내 입에서는 방언으로 기도를 하는데, 불이 나가고 모든 것을 다 태워버립니다. 또한 주님은 말씀하십니다.

예수님 : "너는 지구를 발로 밟고 나의 복음을 만방에 전하라."
(그림 참조 p.246)
지귀복 : "예, 주님."

[사도행전 1:8]
오직 성령이 너희에게 임하시면 너희가 권능을 받고 예루살렘과 온 유대와 사마리아와 땅 끝까지 이르러 내 증인이 되리라 하시니라

주님과 함께 천국의 생명수 강 옆에 있는 의자에 앉았습니다.

예수님은 말씀하십니다.

예수님 : "귀복아, 저기를 보거라. 저곳이 예전에는 막혀있던 곳이 이제는 환하게 터져 있어서 얼마나 좋으냐? 저곳은 하나님 아버지 보좌란다. 이제는 네가 이곳에서 손을 들고 기도하면 아버지가 너의 기도를 들으시고 즉각 시행해 줄 것이다. 알겠느냐?"

지귀복 : "예, 주님. 감사드립니다."

 ## 사명자의 길

예수님은 말씀하십니다.

예수님 : "귀복아."

지귀복 : "예, 주님."

예수님 : "나는 이러한 나의 연약한 백성들을 위해서 일할 수 있는 일꾼을 찾고 있단다. 주님이 이리 둘러보고 저리 둘러보아도 나의 일을 하려고 하는 자를 찾지만, 그리 많지가 않구나. 주님의 길은 좁은 길이란다. 세상의 부귀와 영화가 오는 것이 아니고 오직 나를 사랑해서 나의 뜻을 전하는 사명자로서의 길이란, 그리 쉽지는 않단다. 나의 사랑하는 백성 중에 이러한 사명자들이 많이 나와야 할 것인데, 그러기 위해서는 그 누군가가 그들을 위해서 기도를 해야 하느니라. 기도가 없이는 불가

능한 일이란다. 주님도 이 땅에 있을 때는 그것을 알기 때문에 항상 기도하는 일에 게을리하지 아니하였느니라. 알겠느냐?"

지귀복 : "예, 주님."

생명수 강물 위에 일곱 색깔의 무지개가 펼쳐지고, 그 무지개는 주님께서 약속하신 것을 이루시겠다는 뜻이라고 말씀하십니다.

"이제 후로는 너의 마음이 바다와 같이 너의 마음이 강물과 같이 넓어질 것이고, 너의 믿음과 담력은 반석 위에 세운 집처럼 강하고 담대하리라."

[이사야 41:15-16]
15 보라 내가 너를 이가 날카로운 새 타작기로 삼으리니 네가 산들을 쳐서 부스러기를 만들 것이며 작은 산들을 겨 같이 만들 것이라 16 네가 그들을 까부른즉 바람이 그들을 날리겠고 회오리바람이 그들을 흩어 버릴 것이로되 너는 여호와로 말미암아 즐거워하겠고 이스라엘의 거룩한 이로 말미암아 자랑하리라

예수님은 말씀하십니다.

예수님 : "주님은 너를 굳세게 할 것인즉 너를 견고히 해서 주님을 만방에 전할 수 있도록 할 것이다. 나는 또 알파요 오메가요, 처음과 끝이라. 나 예수는 광명한 새벽별이니라. 딸아, 두려워하지 말고 믿기만 하거라."

지귀복 : "아멘."

아버지의 마음

[마태복음 7:7~11]

7 구하라 그리하면 너희에게 주실 것이요 찾으라 그리하면 찾아낼 것이요 문을 두드리라 그리하면 너희에게 열릴 것이니 8 구하는 이마다받을 것이요 찾는 이는 찾아낼 것이요 두드리는 이에게는 열릴 것이니라 9 너희 중에 누가 아들이 떡을 달라 하는데 돌을 주며 10 생선을 달라 하는데 뱀을 줄 사람이 있겠느냐 11 너희가 악한 자라도 좋은 것으로 자식에게 줄 줄 알거든 하물며 하늘에 계신 너희 아버지께서 구하는 자에게 좋은 것으로 주시지 않겠느냐

아버지의 마음속에는 한없는 사랑과 용서가 있습니다. 자녀를 향한 아버지의 그 사랑은 권면도 하시고, 때로는 혼내시기도 하시지만, 여전히 아버지의 마음은 자비로우십니다. 주님은 우리에게 구하라고 하셨습니다. 하늘에 계신 아버지께서 주시지 않겠느냐고 말씀하십니다.

우리의 자녀가 무슨 일이 생겼을 때 부모의 입장에서는 안절부절하게 됩니다. 그 자녀의 문제가 해결되기를 바라면서 마음을 가다듬고 기도하지요. 부모의 마음은 그렇습니다. 무엇을 옳고 그름을 떠나서 자녀의 문제가 해결되어지기를 바라고, 그것으로 인해 애를 쓰게 되는 것입니다. 아버지 하나님도 우리가 하나님과의 관계가 멀어져 간다면, 얼마나 안타까워하실까요? 그 은혜를 헤아리지 못한 채 그냥 지나친다면 메마른 심령이 되겠지요. 나의 심령에 은혜의 단비가 내려야 나도 적시고, 내 이웃도 적실 수가 있는데, 그러나 그 아버지의 사랑을 느끼지 못한다면 다시 한번 아버지의 그 사랑을 깨달아야 하겠지요. 우리를 위해 십자가에서 물과 피를 쏟으시고 아버지 하나님 앞에 나아갈 수 있게 해 주신 주님께 깊은 감사를 드립니다. 주님은 우리에게 말씀하십니다. "일흔번씩 일곱번이라도 용서하라."고.

아버지의 자비하심은 너무나 크시기 때문에 인간의 작은 마음 가지고는 헤아릴 수가 없고, 그 아버지의 측량할 수 없는 은혜에 감사할 수밖에 없습니다. 우리는 아버지의 마음을 가지고 용서하는 삶을 살아야 합니다. 내가 다른 이들을 용서할 수 없다면, 아버지의 사랑도 내 안에 있지 않다는 것입니다. 이러한 용서할 수 있는 마음을 갖는다는 것은 나의 모든 맘과 뜻을 아버지께 드렸다는 것입니다. 이 아버지의 사랑을 가지고 나아갈 때 이 용서는 내가 한 것이 아니고, 아버지의 사랑이 하십니다. 아버지의 마음으로...

 그 사랑

주님이 흘려주신 그 사랑

나도 그 사랑 안에서

이제 나도 주님 곁에 따라갈 수 있게 하시니

세상에서 시달린 삶을 모두 다 주님 곁에 맡기렵니다.

어제나 오늘이나 영원토록 동일하신 주님이 흘려주신 사랑

나는 그 사랑 안에서

이제라도 주님 곁에 따라갈 수 있게 하시니

주님 사랑합니다.

아버지 보좌에서 축복의 물줄기가 흘러내려서

어린양 예수께 넘쳐나는

그 놀라운 축복의 통로를 향해

나를 향하신 주님의 축복이 흘러내리네.

주님의 축복이 흘러내리네.

물 줄 기	천국의 아버지 하나님의 보좌에서
	어린양 예수님께로 거쳐서
	나를 향하신 주님의 축복이 흘러내리네
사명자	역사는 골방에서 기도로 시작.

 ## 죄에 대한 훈련

예수님은 말씀하십니다.

"생각으로 죄가 들어오거든 예수님의 이름으로 빨리 내어 쫓아야 한다. 그렇지 않으면 그 죄가 둥지를 틀고 끊임없이 괴롭게 하고 믿음을 다 빼앗아 버리기 때문이다."

주님은 성령으로 기름을 부으시고, 죄에 대한 훈련을 하셨다고 하십니다.

죄의 생각은 기도의 능력을 소멸시킵니다.

천국의 생명나무

주님이 주신 축복의 물줄기

지구를 발로 밟는 자여! 나의 복음으로 정복하라!

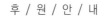

후 / 원 / 안 / 내

방주 세계선교회 후원계좌 :

농협 : 356-0405-0892-03 (지귀복)

국민은행 : 580301-04-490076
        (지귀복)

해외 송금을 위한 정보 :

① 국민은행 영문명 : KOOKMIN BANK

② 국민은행 본점주소 : 26, Gukjegeumyung-ro
    8-gil, Yeongdeungpo-gu, SEOUL, KOREA

③ 국민은행 SWIFT CODE : CZNBKRSEXXX

④ 수취인 계좌번호 : 58030104490076

⑤ 수취인 성명 : JI GWI BOK

⑥ 수취인 전화 번호 : +82 10-8380-6285

예수님의 사랑
그 놀라운 사랑

초판 인쇄   2023년 8월 10일
초판 발행   2023년 8월 23일
2판 발행   2024년 5월 7일
2판 2쇄   2024년 6월 25일

지은이   지귀복
발행인   지귀복
펴낸곳   방주세계선교회
출판등록   제 2022-000001호
주소   전남 곡성군 목사동면 강변로 56
연락처   061-363-6282
ISBN   979-11-981297-5-8 (03230)
가격   15,000원